JN059561

利益調整

発生主義会計の光と影

桜井久勝 ［著］
Sakurai Hisakatsu

中央経済社

序　文

　本書は，企業が会計基準の許容範囲内で，みずからが望ましいと考える水準の利益を財務諸表で報告するために，会計上の手段を駆使して行う「利益調整」について考察した研究書である。

　サブタイトルの「発生主義会計の光と影」は，現金主義会計との対比における発生主義会計の概念上の優位性が，企業の業績測定に「光」をもたらすと期待される反面，その実践過程での意図的な利益調整が，財務会計の機能に暗い「影」を落としているかもしれないという著者の懸念を表している。

　現金主義会計は，収入と支出を集計する形で実践され，そこでは「営業活動によるキャッシュ・フロー」が業績の尺度となる。収入・支出の時期も金額も加工することなく集計されるので，企業活動の実体そのものを変化させない限り，その業績測定値に操作の余地はない。

　これに対し発生主義会計は，収入と支出を会計期間に配分して，収益および費用へと変換し，その差額として算定された「当期純利益」をもって業績の測定値とする。この過程で駆使されるのが，対応・発生・実現などの基礎概念であるが，その実践適用には，企業活動の将来を予測して，適用する会計処理方法を決定し，収入・支出の見越しや繰延べを行う手続が欠かせない。ここに会計上の手段を駆使して行う利益調整の余地が生じる。その手段となるのが，会計方針の選択と変更，および会計上の見積りの偏向である。

　現行の財務報告制度では，会計方針の選択と変更，および会計上の見積りの多くは，所定の条件つきで経営者の判断に任されている。企業の実態を周知し，将来を予測する能力が最も高いのは経営者自身であるから，経営者の知見を利益測定に反映させて，財務諸表の適正表示を促進することが期待されているのである。しかし経営者がこの期待に反し，判断の機会に乗じて意図的な利益調整を行えば，適正表示は阻害される。「光」と「影」は，まさに表裏一体である。

　そこで本書は，発生主義会計の優位性の源泉と，その潜在的な弱点を把握し

たうえで，財務会計に期待される利害調整機能と情報提供機能に対して，利益調整が及ぼす影響について考察する。なかでも利害調整機能については，主として株主と経営者の利害関係に焦点を当て，利益調整がエイジェンシー・コストに及ぼす影響について分析する。

　他方，情報提供機能に関しては，企業による利益調整が市場での株価形成を誤導している可能性を中心に，多数の実証分析の結果を集約しつつ，効率的市場仮説の近似的な現実妥当性について考察する。併せて，会計方針や会計上の見積りをめぐる財務報告の制度設計に対する含意や，過大な利益調整を牽制するために公認会計士が果たすべき役割，および学術研究論文によって惹起される裁定取引が価格形成の効率性を高めて市場機能を促進する可能性にも言及する。

　このように本書は，財務会計の中でも，会計的な手段を利用した利益調整という個別的なトピックスをとりあげて考察するが，これに関連する裾野は非常に広い。このため，財務報告に関係する企業経営者・公認会計士・証券アナリストなどの実務家，財務会計の勉学を始めた学生や研究者を目指す人々，経営学・経済学・法律学など近隣分野の研究者をはじめ，多様な読者に関心をもっていただくことを期待して，論述のスタイルを次のように工夫している。

　その第1は，当該分野の専門家にとっては自明の知見であっても，できるだけ初歩的な説明から記述を始めたことである。財務会計については現金主義と発生主義の基礎概念から解説を開始し，利害調整機能の考察のためにゲーム理論やエイジェンシー理論に立ち返り，情報提供機能に関連して証券投資理論や資本市場理論の要点に言及するなど，のちの議論の展開の出発点となる基礎理論から説き起こすようにした。

　第2に，論点を具体化するために，仮設計算例を数多く利用している。発生主義会計の利益測定，キャッシュ・フロー計算書の作成，報告利益のうちの利益調整部分の推定，エイジェンシー・コストの把握などがそれである。日頃から金額計算に慣れていない読者には，かえって煩わしく感じられるかもしれないが，著者の意図をピンポイントで伝達するには，仮設計算例による解説が効果的であると私は考えている。

　第3は，学術研究の手法を遵守した実証研究を通じて蓄積されている科学的な証拠を，要領よく収録するよう努めた。あるべき会計基準や財務報告制度に関する議論は，それぞれの利害関係者の立場を反映して，論点がかみ合わなかったり水掛け論になることがある。それを解決する有効な手段の1つは，学術研究の結果を参照することであるが，研究者ではない人々にとっては，財務会計の実証分析を的確に理解し解釈するのは困難なことが多い。そこで本書では，学術上の厳密度を犠牲にしても，研究の意図・概要・含意を中心として，できるだけ広範囲の人々に学術研究論文の内容を理解していただけるような紹介を試みている。

　最後に，私事にわたる記述で恐縮であるが，私は2022年8月に満70歳の誕生日を迎えることができた。年齢の数え方にもよるが「古希」である。門下生から古希記念出版の申し出も受けたが，自分で著書を執筆することとした。過去40年に及ぶ大学での研究生活の中から芽生え，いつしか深く考えてみたいと思い続けてきた自分の研究テーマがあったからである。

　神戸大学で研究生活を開始して間もなく，のちに「株価・会計情報研究」とか「価値関連性研究」とよばれることになる財務会計の実証研究論文の存在を知って感銘を受け，もっぱら財務会計の情報提供機能（意思決定支援機能）を中心に，私はこんにちまで研究を続けてきた。その一方で，自分では全力で取り組むことができなかったが，財務会計の利害調整機能（契約支援機能）の視点から，会計方針の選択や会計基準の形成を説明しようとする研究にも関心を抱き続けてきた。

　やがて私は，これら2つの研究トピックスの関連づけや統合の可能性を考えるようになった。これに加えて，いずれの研究トピックスも，投資者の個人的な利益や，利害関係者間の損得が理論展開の原動力となっているのに対し，経済社会全体の公的利益に配慮した考察の必要性を感じるようになった。金融庁で公認会計士・監査審査会の会長として，資本市場をめぐる議論に触れるうちに，この思いは更に強まった。

　本書は，財務会計の情報提供機能と利害調整機能について学界で蓄積された研究成果を，市場の効率性の促進という公的利益の視点から統合することを夢

見て，こんにちまで試行錯誤を続けてきた私自身の研究テーマに関し，現時点で到達した自分なりの暫定的な結論を記したものである。本書で記述している私見は，自分にとって今なお確定した結論ではなく，次の3つの意味で暫定的な試論であることを強調しておきたい。

　第1に，考察が欠落したり不十分であったりする論点や，議論の更なるブラッシュアップの必要性を感じる問題点の存在を自覚していること。第2に，議論の根拠とした実証研究には，反対証拠を提示しているものも少なからず存在し，今後の研究結果いかんで，本書の議論に修正が必要になる可能性があること。研究は無限に継続しうるが，人生は有限であるから，結論は暫定的にならざるを得ない。第3に，神戸大学会計学研究室には，その基盤の確立に貢献された山下勝治教授が著書の『会計学一般理論』を決定版として銘打ってから短い年月のうちに逝去されたという逸話が伝わっている。私は本書に残された多くの問題点について，これからも長く考え続けたいし，学界で実証研究の結果が対立しているトピックスについて，今後の研究の行方を見届けたいと願っている。

　本書の上梓に際しては，構想の段階から原稿の完成に至るまで，実に多くの方々から多様な情報とアドバイスを得ることができた。なかでも門下生として，私の議論に付き合ってくれた音川和久（神戸大学），石川博行（大阪公立大学），村宮克彦（大阪大学），髙田知実（神戸大学），北川教央（神戸大学）の各氏から得た知見は非常に有意義であった。このほか逐一お名前を挙げることはできないが，古希を迎えたこんにちまで折につけご厚誼を賜ってきた多くの方々に，この場をお借りして，厚くお礼を申し上げる次第である。文末になってしまったが，本書の出版を引受けていただいた中央経済社の山本継社長，および編集を担当された田邉一正氏にも感謝したい。

　2022年12月

桜 井 久 勝

目次

第 3 章 　発生主義会計の潜在的な弱点

第 4 章 　財務報告の機能と制度

第 **7** 章　効率的市場仮説

第8章　利益調整による株価形成の誤導

第9章　財務報告の制度設計

第10章　株価・会計情報研究の役割

───第 1 章───

利益調整

第 1 節　利益調整とは

　粉飾決算や不正会計をめぐる事件が古くから反復的に発生しており，今なお後を絶たない。粉飾決算や不正会計は違法行為であり，決して許されるものではない。しかし経営者には，会計基準が許容する範囲内であれば，利益数値を意図的に増減させるような操作を行うことが認められている。そのような利益操作は Earnings Management とよばれており，日本語では「利益調整」と翻訳される。

　利益調整は，企業活動の変更を伴うか否かにより，実体的利益調整と会計的利益調整に大別される。「実体的利益調整」とは，企業活動そのものを変化させることにより，利益数値を望ましい水準へと導く操作をいう。研究開発を中止すれば利益は増やせるし，広告宣伝を活発化すれば利益を減らすことができる。生産数量を増加させて製品単位当たりの固定費負担を減らせば，当面の売上原価を減少させて利益を増やすことができる。

　他方，「会計的利益調整」は，企業活動の実態を変化させることなく，会計処理を工夫することにより，利益数値を望ましい水準へと導く操作である。実体的利益調整では企業活動の変化に伴ってキャッシュフローも変化するが，会計的利益調整の場合は，キャッシュフローが結果として間接的な影響を受けることがあっても，直接的には変化しない点で相違する。

本書は発生主義会計の長所（光）とともに，弱点（影）にも焦点を当てて考察を行う。その弱点の原因として懸念されるのが，会計の操作を通じて意図的に行われる会計的利益調整である。したがって本書の以下の部分で，特に限定することなく利益調整という用語で記述している場合は，会計的利益調整を意味している[1]。

　そのような会計的利益調整と粉飾決算の間には，概念的に厳格な区別が存在する。企業が実施した取引や直面する事象について会計処理を行い，その結果を財務諸表に表示して財務報告を行うに際しては，準拠すべき会計基準が定められている。粉飾決算（不正会計）は，そのような会計基準に違反して虚偽の財務諸表を作成し，不正な財務報告を行うことをいう。これに対し利益調整は，会計基準が許容する範囲内で，会計数値を意図的に増減させる行為である。

　利益調整には，2つの代表的な手段がある。1つは，会計方針の選択と変更を通じて行う方法であり，いま1つは，会計上の見積りを偏向させて行う方法である。たとえば固定資産の減価償却方法については，定額法と定率法に代表されるいくつかの会計方針からの任意選択が可能であり，正当な理由があれば変更も許容されている。また償却計算に必要な耐用年数や残存価額の見積りも，経営者に委ねられている。ただし無制限に委ねられているわけではない。たとえば，売上収益に比例して減価償却を行うような会計処理は認められていないし，無形資産ののれんについては20年を超える耐用年数の選択は許容されていない。このような制約はあるものの，適用する会計処理方法の決定やその実践適用のための見積りに関しては，ある程度の裁量の余地が経営者に残されているのである。

　そのような裁量の余地を利用して，企業や経営者が利益額を調整しようと試みるのは，会計上の利益額が，種々の契約や規制に組み込まれ，企業経営に重要な影響を及ぼすからである。経営者の報酬が利益額に連動して決定される業績連動報酬制度，社債発行時の財務制限条項，配当額を利益額の範囲内でのみ許容する会社法の配当制限が，その代表例である。当期純利益はまた，株主の視点から見た企業の業績動向を示す指標として，上場会社の株価形成にも影響を及ぼす。

　したがって企業は，損益計算書に計上される利益額が，望ましい水準になる

ように，可能な範囲で会計を操作して調整しようとする動機を持つと考えるのが自然である。たとえば赤字に転落しそうな企業は，会計処理を工夫することにより，なんとか赤字決算を回避して黒字に持ち込みたいと強く望むであろう。当期純損失を計上してしまうと，過去からの潤沢な繰越利益がない限り，株主に満足な配当を実施するのが困難になり，配当が不十分であれば，経営者はみずからの役員賞与も自粛せざるを得ず，ひいては自己の経営能力が疑問視されて，辞任を迫られるおそれが生じるからである。経営者がそのように考えた企業は，何としてでも会計を操作して，損益計算書に当期純利益を計上しようと試みるにちがいない。

　そのような利益調整が合法的に行われていることを示唆する証拠は，枚挙にいとまがないほど多い。またその目的も多様であるが，ここでは視覚に訴える形で，3つの直観的な証拠を提示しよう。(a)赤字決算を回避するための利益調整，(b)業績のV字回復を演出するための利益調整，(c)利益成長を演出するための利益調整がそれである。

第2節　赤字決算の回避

1　上場会社の利益率分布

　図表1-1は，ヒストグラムの形で整理した日本の上場会社の利益率の分布状況を示している[2]。この調査で集計されているのは，連結財務諸表を作成する日本の上場企業が，2002年から2006年に公表した連結財務諸表に基づき，[連結純利益÷期首総資産] として算定した総資産純利益率のデータである。同一企業でも年度が異なれば別個のサンプルとしてカウントされており，延べ約13,000個の企業・年度が集計されている。図の横軸には－10％から＋10％の間が0.1％きざみで200等分されており，棒グラフの高さは，その利益率の区分に属する企業数を表す。

　この図表が示す上場会社の利益率の分布状況には，2つの大きな特徴がある。第1は，利益率がプラス側の企業数の方がマイナス側よりも圧倒的に多いこと

図表 1 - 1　上場会社の利益率の分布

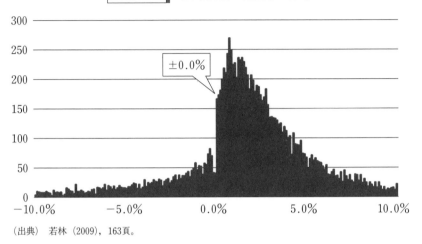

（出典）　若林（2009），163頁。

である。しかしこれは，上場会社という成功企業が集計されているから，当然
の結果であると考えてよい。

　第 2 に注目されるのは，±0.0%のすぐ左隣の 2 区間（利益率が▲0.2
～▲0.1%，および▲0.1～±0.0%）の企業数が顕著に少ないことである。ここで
は非常に多数の企業・年度の利益率データが集計されているから，ヒストグラ
ムは滑らかな曲線を描くのが自然である。それにも関わらず，この図表は，
±0.0%の左隣で企業数が極端に少なく，すぐ右隣の利益率の区分に属する企業
数が桁違いに多いことにより，±0.0%の左右で企業数に顕著な差異があるこ
とを明らかにしている。

　このような現象が観察されるのはなぜか。直感的に考えて最も説得力があり
そうな説明は，もともと利益率が僅かにマイナスであった企業が，さまざまな
方法で会計処理を工夫して，当期純損失の計上を回避したという解釈である。
何もしなければ，もともとわずかな赤字のため±0.0%のすぐ左側に所在してい
たであろう多くの企業が，利益を捻出する方向への利益調整を通じて±0.0%の
すぐ右側へと移動してしまい，±0.0%の左側には正直者の少数の企業だけが
取り残されているのではないだろうか。

4

2　推測を強化する状況証拠

　上場会社の総資産純利益率の分布状況を観察して，利益調整が行われているに違いないと考えるのは，単なる推測に過ぎないかもしれない。しかし次の3つの事実を追記すれば，経営者が利益調整を行っているという解釈は，更に説得力を増すであろう。

　第1は，利益率計算の分子を当期純利益から包括利益に変えて再集計すると，企業数のヒストグラムは自然な曲線となり，±0.0%のすぐ左側の区間の企業数が特に少ないというような現象は生じない[3]。

　当期純利益と包括利益の差を構成するのは「その他の包括利益」に含まれる各種の時価評価差額である。たとえば上場会社どうしの持ち合い株式の時価変動差額（その他有価証券評価差額金）がその典型例である。また在外子会社への出資額を決算日の為替レートで換算することから生じる差額（為替換算調整勘定）も，「その他の包括利益」の構成要素である。しかしそのような株式の時価変動や外国為替レートの変動は，経営者にとっては制御不能な要因であるから，これらの差額から構成される「その他の包括利益」は，経営者の責任の範囲外であるとする考え方が，日本では一般化している。この結果，経営者の能力評価のための業績指標としては，当期純利益こそが重要であり，経営者が制御できない時価評価差額を含む包括利益は適しないとの見解が支持を得ている。そのように考える利害関係者が多ければ，経営者にとって包括利益は自己の能力評価を左右する業績指標ではなくなる。包括利益で算定した利益率のヒストグラムが自然な曲線を示すのは，経営者が包括利益を重要な業績尺度とは考えておらず，意図的に調整しようとする意思がないことを反映した結果であると考えられる。

　第2に言及すべき事実は，図表1-1の中央の利益率±0.0%に変えて，(a)前年の利益率と対比したり，(b)前年の決算短信で公表済みの当期に関する予測利益に基づく利益率と対比した場合にも，それらのターゲットのすぐ左隣に位置する区間の企業数が極端に少ないヒストグラムが描かれることである。前年の利益率と対比した分布結果は，当期の総資産純利益率を前期の数値よりも少しでも上回らせることにより，対前年比でみた利益業績の向上をアピールしたい

という意思の表れである。また公表済みの予測データによる利益率と対比した分布結果は、その予測値が投資家による期待利益となっているので、それを下回るような実績利益額は公表できないというプレッシャーによってもたらされたものと思われる。

さらに第3として、これらの利益率の分布状況は日本の企業について観察されるだけでなく、欧米先進諸国の企業にも共通した現象であることである。経営者にとっては、赤字決算を回避するだけでなく、当期の実績利益率が前期の実績利益率や公表済みの予想利益率を上回ることが、同等に重要である。したがって、これらをターゲットとした利益調整が世界中の企業によって試みられていると解釈することができるであろう。

第3節　V字回復の演出

1　ビッグバス

利益調整といえば、業績不振の企業による利益捻出を連想しがちであるが、それとは全く逆のケースもある。業績不振の企業が、さらに利益額を減少させる方向で会計を操作して、結果的に巨額の赤字を計上するような利益調整がそれである。

巨額の赤字を計上するための利益調整は、英語でビッグバス（Big Bath）、すなわち「大きなお風呂」とよばれている。当期における巨額赤字の計上は、もちろんそのこと自体が目的なのではなく、当期における会計上の大手術を経て、来期から黒字体質の健康状態を取り戻すこと、すなわち業績をV字回復させる目的と表裏一体になっている。

ビッグバスの語源には諸説があるが、一説によれば、利益を捻出するために過去に行った無理な決算によって積もり積もったヨゴレを一気に洗い落として、来期から身ぎれいになるには、大量のお湯が使える大きな風呂桶が必要になるという意味であると説明されている。しかし、そのような過去から蓄積されたウミ出しだけでなく、将来の費用や損失の前倒し計上もまた、当期に巨額損失

を報告するための手段として利用される。

　そのようなビッグバスで会計利益の V 字回復を演出しようとしているのではないかという疑惑がもたれる事例が，今も世界中に数多く存在する。しかし新しい事例はあまりにもナマナマしいので，ここでは今から20年以上前の日本企業の事例を紹介する。それは日産自動車の2000年と2001年の事例である。

　図表 1 - 2 には，2 本の折れ線グラフが描かれている。破線は，1999～2001年の各 3 月決算期の有価証券報告書に収録された連結損益計算書で日産自動車が報告している連結純利益（親会社株主に帰属する当期純利益）を，そのまま描写するように作成されている。この破線の折れ線グラフは，鮮やかな V 字回復を描いている。2000年 3 月期までは前任者が社長を務めていた年度であり，2000年 6 月の株主総会で選任され新しく代表取締役社長に就任したカルロス・ゴーン氏にとっては，業績が急回復した2001年 3 月期が最初の決算期であった。このことから当時は，劇的な復活を実現した注目すべき企業再生のモデルとして，ゴーン氏の経営手腕を絶賛する声が高まったものである。

　しかしこの V 字回復については，ビッグバスの手法を利用した利益調整だという疑惑を提示する見解がある[4]。もしそうであるとすれば，その有力な手段

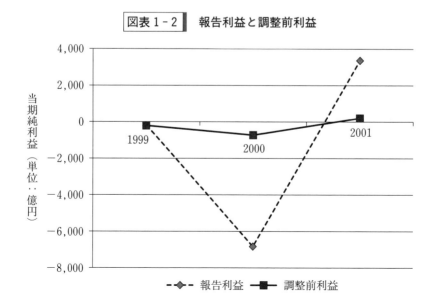

図表 1 - 2　報告利益と調整前利益

は，会計方針の選択と変更，および会計上の偏った見積りである。

　そこで当時の有価証券報告書を改めて調査したところ，財務諸表の注記や監査報告書の記述内容の中から，注目すべき項目として**図表1-3**に①から⑤として示す5項目の会計処理が発見された。図表1-3には，これらの各項目が連結純利益に対して影響を及ぼした方向とその金額について，著者が試算した結果が併せて記載されている。ただし会計処理が税金費用に及ぼす影響の試算は非常に困難であるので，とくに明示されていない限り，税金費用への影響額は度外視した。

　これら5項目のそれぞれについて，金額の前に「減」の文字が付された項目は，その会計方針の選択や変更，あるいは会計上の見積りの偏向が，連結純利益を減少させる方向で影響を及ぼしたことを意味する。逆に，金額の前に「増」の文字が付された項目は，その会計処理が連結純利益を増加させる方向で影響を及ぼしたことを意味する。

　したがって報告利益（公表された当期純利益）の金額に対して，「減」の文字が付された項目の金額を加え戻し，「増」の文字が付された項目の金額を改めて減算することにより，①〜⑤の会計処理が行われなかったと仮定した場合の連結純利益を算定することができる。図表1-3の最後の行に「利益調整前の当期純利益」として示した金額がそれである。

| 図表1-3 | 日産自動車の公表利益と調整前利益 |

金額単位：百万円

会 計 項 目			1999/3	2000/3	2001/3
公表された当期純利益（破線）			▲27,714	▲684,363	331,075
利益調整の疑惑	会計方針	①製品保証引当金		減 34,047	± 0
		②退職年金資産の積立不足の償却		減233,659	増 15,577
		③減価償却方法		－	増 29,052
	見積り	④事業構造改革引当金		減164,590	増 90,059
		⑤繰延税金資産評価損		減176,426	増176,426
利益調整前の当期純利益（実線）			▲27,714	▲75,641	19,961

　図表 1 - 2 には，この利益調整前の当期純利益の変動が，実線の折れ線グラフ
で描かれている。点線が鮮やかな V 字回復を示すのに比べて，①〜⑤の影響を
除去した実線が表す利益業績の変動は，はるかにゆるやかであったことがわか
る。点線が示す2000年 3 月期について計上された巨額赤字は，生産設備の廃棄
と余剰人員の解雇を内容とするリストラ政策が，致し方ないものとして利害関
係者を納得させるのに役立ったものと思われる。また2001年 3 月期の黒字復活
は，ゴーン氏の手腕を際立たせることにより，求心力の強化を促進したであろ
う。

2　利益調整仮説と適正表示仮説

　この事例の最も重要な論点は，①〜⑤の会計処理に関係する会計方針の選択
と変更，および会計上の見積りが，決して粉飾決算として株式市場で糾弾され
てはいないし，公認会計士による監査報告書でも不適切な会計処理として指摘
されてもいないことである。これらの会計処理が利益に及ぼす影響額は非常に
大きいが，すべて会計基準が許容する範囲内の行為として取り扱われており，
2000年 3 月期の巨額赤字はむしろ，会計上の保守主義に立脚して，企業が直面
する財務的困窮の実態を適正に表示しているとも考えられる。

　そこで次に，利益調整の疑惑がもたれるかもしれない①〜⑤の 5 項目につい
て，それぞれの内容を検討する。**図表 1 - 4** は，以下の議論の要点を要約したも
のであり，各会計処理について，それが V 字回復を演出するための利益調整で
あるとする見解（利益調整仮説）と，財務諸表の適正表示のための正当な会計処
理であるとする見解（適正表示仮説）を，対比して記述している。

　①の製品保証引当金について，当社は，これを設定する対象期間を，従来は
製品販売の翌年 1 年間だけとしていたが，2000年 3 月期からは最長 5 年へと変
更したので，費用計上額の増加によって利益は引下げられた[5]。新しい計算方法
は翌年度も継続されるので，変更による2001年 3 月期への影響はない。

　この会計方針の変更は，保証期間が 1 年でなく最長 5 年に及ぶ以上，その全
期間の金額を網羅的に計上するための変更であるから，まったく正当な理由に
基づくものであり，適正表示仮説に合致しているという評価が一般的である。
むしろ 1 年分しか計上しなかった過去の会計処理に問題があったと考えられる。

図表 1-4　利益調整仮説 vs 適正表示仮説

項目		利益調整仮説による解釈	適正表示仮説による解釈
会計方針の選択と変更	①製品保証引当金（2000年3月期）		
		保証費用の見積り対象期間を販売後1年から5年に伸長して，引当金繰入額を増加させ，利益を圧縮した。	保証対象となる全期間に係る費用と引当金の網羅的計上は的確である。
	②退職年金資産の積立不足額の償却（2000年3月期）		
		積立不足に係る掛金拠出額を費用計上する方法から，積立不足額を一括償却する方法に変更して，利益を圧縮した。	積立不足額を一括してオンバランス化する処理は，負債の網羅的計上として優れている。
	③減価償却方法（2001年3月期）		
		定率法から定額法への変更により，減価償却費を削減して利益を捻出した。	国際基準でもアメリカ基準でも定額法が基本になっている。
会計上の見積り	④事業構造改革引当金（2000年3月期）		
		リストラ損失見積額を引当計上して，利益を圧縮した。	リストラ計画が確定し，金額見積りが可能になった時点での引当計上は妥当である。
	⑤繰延税金資産の回収可能性（2000年3月期）		
		回収の不確実性を反映して，繰延税金資産の計上額を評価減して利益を圧縮し，翌年度の黒字化により，減額分を元に戻して利益を捻出した。	繰延税金資産の回収可能性の慎重な評価に基づく会計処理は健全である。

　ただし利益調整仮説の支持者は，適正表示仮説と整合する手段が採用されてはいても，その背後には，Ｖ字回復を演出しようとする利益調整の目的が存在したのではないかとの疑惑をもつのである。

　次に②の退職給付会計に関して，当社は，退職給付に関する過去勤務債務に起因して生じた年金資産の積立不足額について，従来は積立不足額に対応する掛け金拠出額を費用計上する方法を採用していたが，2000年3月期に積立不足

額の全体を一括して「年金過去勤務費用償却額」として特別損失に計上した[6]。

　もしこの変更を行わなかったら，2001年3月期から強制適用となった「退職給付に係る会計基準」（当時）により，適用初年度において「会計基準変更時差異」として把握したうえで，15年以内の所定年数内での均等償却が必要とされた。しかし当社は，前もって一括償却したおかげで，2001年3月期以降は15年にわたる均等償却額を費用計上する必要がなくなり，同額だけ当期純利益を引上げる効果が生じているものと思われる[7]。

　この会計方針の変更は，従来は明確な会計基準が存在しなかったために簿外負債として取扱われてきた退職給付会計の年金資産積立不足額をオンバランス化するものであるから，負債の網羅的計上として優れており，適正表示仮説と首尾一貫する。しかし利益調整仮説の支持者は，変更の時期がなぜ2000年3月期であったのかを疑問視している。

　③の減価償却方法の変更について，当社は有形固定資産の減価償却方法を2001年3月期に定率法から定額法へ変更して，利益を増加させた。変更理由としては，生産の安定化および国際的会計慣行との整合性の観点から，投下資本の平均的な回収や，費用・収益の適正な対応が挙げられている[8]。これに対し利益調整仮説の支持者は，2001年3月期の利益捻出こそが真の目的だったと解釈する。なお，国際的な会計慣行との整合性を考えると，トヨタが2020年3月期まで採用していたアメリカ基準でも，ホンダが採用している IFRS でも，減価償却は定額法が原則とされているので，日産が定額法へ変更したことにより，自動車3社の減価償却方法が統一されたことになる。

　④と⑤は会計上の見積りに関係する。このうち④の事業構造改革引当金については，1999年10月に確定した日産リバイバルプランに基づいて費用の発生額を見積った旨が会計方針として注記されている[9]。この結果，2000年3月期は引当金の設定額だけ利益が減少し，逆に2001年3期はその取崩額だけ利益を増加させる効果が生じた。

　引当金の設定に関しては，費用や損失の発生の確実性，および金額の見積り可能性という要件があるが，当社の事業構造改革引当金は日産リバイバルプランの確定により，これらの要件を明確に満たすようになったものと思われる。したがって，適正表示仮説のもとでは，リストラ計画が確定し，金額見積りが

可能になった2000年3月期での引当金の計上は妥当であったものとして評価される。

　最後は⑤の税効果会計に関する見積りである。当期に生じた税務上の繰越欠損金は，将来の黒字年度の課税所得から減算できるので，繰延税金資産を計上する根拠になる。しかし将来年度の課税所得がマイナス続きなら，繰延税金資産の評価を減額しておいて，プラスが予想できるようになった年度で，以前の減額分を元に戻して繰延税金資産の全額を計上することになる。当社も，巨額赤字を計上した2000年3月期では，将来年度の黒字転換が見通せないことを根拠に，繰延税金資産の評価額を減少させたのち，黒字に転換した翌2001年3月期に見直しを行って，前年度に評価減された金額の一部を元に戻している。これにより，結果的に当期純利益を増加させる効果をもつ税金費用の減額分の計上時期が，2000年3月期から2001年3月期へシフトしている。この金額そのものは注記されていないので，著者が推定計算を行った[10]。

　この会計処理について，利益調整仮説の支持者は，当社が2001年3月期の黒字転換を見込んでいたにも関わらず，2000年3月期での繰延税金資産の評価減に説得力を持たせるために，前述の①〜④の方法で巨額赤字を導いたと主張する。しかし適正表示仮説に立脚して，繰延税金資産の回収可能性の慎重な評価に基づくこの会計処理は極めて健全であるとの主張にも，十分な説得力がある。

　以上が利益調整の疑惑がもたれる5項目の概要である。これら5つの論点はどれも，正当な会計処理としての根拠をもつ点で，適正表示仮説を十分に支持している。他方，結果だけに着目すれば，導かれた利益数字のV字回復は，当初から意図して行われたものであると主張する利益調整仮説にも，説得力があると思われる。この事例に関しては，利益調整仮説と適正表示仮説の間で一方だけが正しいという二者択一の問題として議論されることが多いが，これら2つの仮説の両方が見事に妥当しているというのが著者の見解である。

第 4 節　利益成長の演出

1　新規上場企業の利益率

　赤字決算の回避は，一方的に利益を捻出するための利益調整であり，Ｖ字回復の演出は，巨額損失を計上するための一方的な利益圧縮であるが，もっと複雑な利益調整もある。利益業績が思わしくない年度では，会計処理を操作して利益を捻出するが，業績が過度に良好になると逆に利益圧縮を行うような利益調整も珍しくない。当期の好調な利益業績をそのまま報告すると，さらにその先の期間に対する投資者の期待が高まることが予想されるので，将来の業績目標のハードルを上げないために，当期の報告利益を抑制するのである。

　たとえば，株式市場に新規上場しようとする IPO（Initial Public Offering）企業は，新規上場の年度に向けて，赤字を計上しないことだけでなく，財務諸表上で報告される利益が連続的かつ着実に成長を続けていることをアピールしたいと望むであろう。そうすれば次のメリットが得られるからである。

　いま仮に，将来のフリー・キャッシュフロー（FCF）を割引利子率（r）で資本還元する DCF モデル（割引キャッシュフロー・モデル）に基づいて，新規公開価格を検討するとしよう。このモデルのもとでは，過去の会計利益の趨勢に基づいて予測された将来の FCF の成長率(g)も組み込んで，企業価値は［FCF÷(r−g)］として算出される。たとえば一株当たりの FCF が120円であり，割引利子率が 6 ％とすると，FCF が成長しない場合の一株当たり企業価値の計算値が［120÷(0.06−0)＝2,000円］であるのに対し，成長率が 2 ％の場合は［120÷(0.06−0.02)＝3,000円］となる。

　したがって新規上場価格を引き上げて，より少ない株数でより多額の資金調達を行いたいと望む企業にとっては，新規上場の年度に向けて，赤字を計上しないことだけでなく，業績の着実な成長を演出することが重要な課題になるにちがいない。このことから，業績が好調すぎる年度では，当期の利益を圧縮して翌期に向けたスタート台を低めに設定することにより，翌期の利益業績が当期の実績を超えやすくしておく工夫が行われることが予想される。

図表1-5は，1989～2000年の間にジャスダック市場に新規上場した日本企業555社の利益率データを集計したものである。利益率は［当期純利益÷期首総資産］として算定されている。損益計算書で報告されている当期純利益（報告利益という）は，第3章第6節で後述する方法により，①利益調整の推定部分を除去して算定した真の当期純利益額と，②利益調整によって計上されることになったと推定される部分の金額に大別される。サンプルとなった555社のIPO企業は，［①÷期首総資産］として算定された利益率に基づいて，この利益率が最低値の企業から最高値の企業へと整列させたうえで，55社ないし56社ずつ区切って10個のグループに区分される。図表1-5の横軸の1～10の番号は，これら10個のグループを意味する。各グループには白・灰・黒で色づけした3本の棒グラフが描かれている。白は［①÷期首総資産］として算定した本来の利益率のグループ別中央値であり，灰は［②÷期首総資産］として算定した利益調整部分の中央値である。黒はその合計値であり，［利益調整を含む報告利益÷期首総資産］として算定した利益率の中央値に等しい。

　図表1-5から次の2点を指摘することができる。第1は［報告利益÷期首総資産］として算定した黒色の棒グラフが，10グループのすべてについて3～5％程度のプラスの値を示すことである。新規上場の前年度の赤字計上は，新規上

図表1-5　IPO企業の上場前年度の利益率

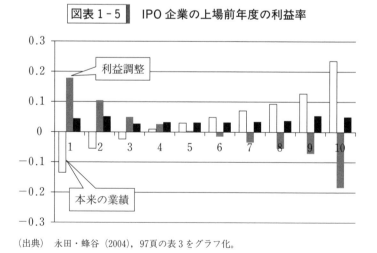

（出典）　永田・蜂谷（2004），97頁の表3をグラフ化。

場の妨げになりやすいので，IPO 企業にとって黒字決算は重要である。第 2
に，白色で示す本来業績が不振であったグループ 1 ～ 3 では，灰色で示す多額
の利益捻出が行われ，逆に本来業績が好調であったグループ 8 ～10では，灰色
で示す多額の利益圧縮が行われていることがわかる。グループ 9 と10のような
業績が絶好調の企業は，その事実を損益計算書でありのままに報告するのでは
なく，将来年度の業績に対する投資者の期待を高めすぎないように，敢えて当
期の利益を圧縮しているように思われる。

2　利益率の対前年変化分の調整

　この解釈は，**図表 1 - 6** で描写される事実によって，更に強化される。図表 1
- 6 は，新規上場の前年度（T－ 1 ）の利益率を，その前の年度（T－ 2 ）の利益
率と比較している。ここでは，利益調整が疑われる部分を除去して利益率を算
定したうえで，新規上場の前々年度（T－ 2 ）の真の利益率と比べた場合の，上
場前年度（T－ 1 ）の利益率の変化の大きさによって，10個のグループが形成さ
れる。そのうえで各グループごとに，図表 1 - 5 と同じ 3 通りの利益率を算定
し，棒グラフが描かれている。白色は利益調整を除く本来の業績変化を示し，
灰色は利益調整部分を示し，この合計が黒色の棒グラフである。

図表 1 - 6　**上場の前々年度から前年度への利益率の変化**

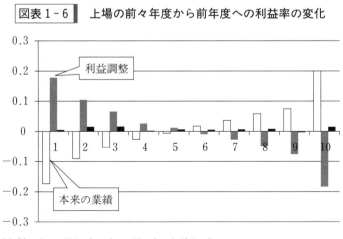

（出典）　永田・蜂谷（2004），98頁の表 4 をグラフ化。

図表1-6に関して指摘すべき事項も，図表1-5の場合と同じである。第1に，ほとんどすべてのグループについて，黒色の棒が表す報告利益による利益率でみた対前年変化がプラスの値になっている。このことは，報告利益に基づいて算定した前々年度（T-2）の利益率よりも，前年度（T-1）の利益率の方が高いこと，すなわち利益が成長したことを表す。

　しかし第2に，利益調整の部分を除く白色の棒に着目すると，グループ1～5では利益率の変化がマイナス値になっている。そしてこのグループについては，灰色の棒が示すようにプラス方向での利益調整が行われており，その大きさも順序が途中で逆転することなく首尾一貫している。もし灰色の棒が示す利益調整（利益捻出）がなければ，これらのグループの利益率は対前年比でみて業績が低下したことを意味する額の報告利益になっていたことがわかる。

　逆に，グループ6～10では，推定された利益調整の部分を除く白色の棒が表す利益率の変化がプラス値になっている。そしてこれらのグループについては，灰色の棒が示すようにマイナス方向での利益調整が行われており，その大きさも順序が途中で逆転することなく首尾一貫している。もし灰色の棒が示す利益調整（利益圧縮）がなければ，これらのグループの利益率は対前年比でみて顕著に上昇したことを意味する金額の利益を報告することになり，新規上場年度（T期）に向けた投資者の期待を，更に高めていたにちがいない。

　図表1-5と図表1-6の結果を総合すると，IPO企業にとって赤字を計上しないだけでなく，利益が継続して成長していることを投資家にアピールすることが重視されており，業績が良好すぎる場合は利益圧縮も試みられているものと思われる。

第5節　利益調整をめぐる諸見解

　『発生主義会計の光と影』という本書の副題における「影」とは，企業経営者が意図的に報告利益を増減させるような利益調整が，発生主義会計に内在する欠陥ではないかという発想に由来する。そのような利益調整が，財務報告に期待されている利害調整機能や情報提供機能に対して悪影響を及ぼしているかも

しれないことが懸念される。

　しかしこれとは逆に，利益調整を積極的に肯定するエコノミストによる次のような見解もある。たとえば社債発行時に付された財務制限条項と関連づけて，利益調整がもたらす効用を次のように説明する見解がそれである。

　社債発行企業は，社債権者の保護のために，財務制限条項の設定に同意する場合が多いが，いったん条項が設けられると，条項違反の回避のために，利益調整を行う動機となる。そのような社債発行企業が，財務制限条項に僅かに違反してしまいそうな事態に直面したときに，利益調整が完全に否定されると，即時償還や担保提供などの多大なコスト負担が生じてしまい，かえって社債権者の利益を害する。したがって条項違反を回避するための軽度の利益調整であれば，それを許容する方が社債権者の利益になるというのである。

　次に，利益調整を行う可能性がある企業側の見解を推測する。財務報告に関して企業側で中心的な役割を果たすのは財務担当役員（CFO：Chief　Financial　Officer）であるが，利益調整を牽制する公認会計士との関係を，「同じ船」に乗り合わせた者どうしとして理解しようとする見解がある。すなわち被監査会社と公認会計士は，適正な財務諸表の公表という共通のゴールへ向かう「同じ船」に乗り合わせているのであるから，両者を過度に対立的に位置づけることなく，可能な範囲で協力し合える関係を構築することが望ましいというのが，この見解の趣旨であると思われる。

　この見解に従えば，前節までで例示したような種々の目的のために，望ましい水準の利益額を財務諸表に計上することを望む企業側と，過度な利益調整を牽制することが期待されている公認会計士は，会計基準に違反しない範囲で互いに協力し合って，合意形成に努めるべきことになるであろう。この見解は，決して利益調整を積極的に肯定するものではないが，明示的に否定もせず，会計基準の許容範囲内での利益調整を是認していると思われる。

　他方の公認会計士の間では，企業の粉飾決算を看過しないことを，財務諸表監査の最重要課題とするのが共通の認識である。すなわち企業による財務諸表の虚偽表示の事後的な露見によって，市場にサプライズと価格形成の混乱が引き起こされて，投資者を中心とする利害関係者が不当な損失を被らないようにすることが，財務諸表監査の主たる目的として理解されている。この目的規定

そのものは完全に的確であり，何ら問題はないが，会計基準の許容範囲内で企業が行うかもしれない利益調整の牽制に関しては，それへの言及が虚偽表示の予防や摘発ほど明確ではないのが現実である。被監査企業による会計基準の許容範囲内での利益調整の希望を前提とするとき，その是非や是認の程度については，公認会計士の間で多様な見解が存在するものと思われる。

第6節　本書の構成

　この章では，本書の書名でもある「利益調整」について，その概念や粉飾決算との区別を明示し，3つの事例を紹介したうえで，利益調整への賛否をめぐる諸見解を考察した。本書の以下の部分は次のように構成されている。

　第2章「発生主義会計の優位性の源泉」は，現金主義会計よりも発生主義会計の方が，企業の業績尺度としてよりいっそう優れた利益測定値を算出するという，発生主義会計の「光」の源泉について考察している。この目的のもと，現行の発生主義会計の基礎概念を整理し，その基盤形成に貢献した古典的な学術研究書として，ペイトン・リトルトン『会社会計基準序説』とシュマーレンバッハ『動的貸借対照表論』について概観し，伝統的な収益費用アプローチと新興の資産負債アプローチの位置づけにも言及している。

　他方，第3章「発生主義会計の潜在的な弱点」の焦点は，発生主義会計の長所が企業の意図的な利益調整によって損なわれるかもしれないという，発生主義会計の「影」の側面である。このためキャッシュ・フロー計算書と損益計算書の関係を分析し，利益調整の手段について考察したうえで，報告利益のうち利益調整が疑われる部分を検出する方法について解説する。

　第4章「財務報告の機能と制度」では，企業の利益測定や財務報告に期待される機能として，利害調整機能と情報提供機能をとりあげ，これらの機能を法律規定に組み込んでいる会社法と金融商品取引法の論点が議論される。

　第5章「利害調整機能」では，会社法に基づく経営者・株主・債権者の間での利害調整のための発生主義会計の役割を整理し，ゲーム理論やエージェンシー理論を援用して，利益調整がもたらす弊害について分析する。

　他方，第6章「情報提供機能」は，金融商品取引法のもとで財務報告に期待されている資本市場への情報提供をめぐる論点の議論に充てられている。このため，証券投資理論や資本市場理論に基づいて投資意思決定有用性の概念を明確化したうえで，利益情報と株価形成の関係を実証的に分析した研究を通じて蓄積されてきた知見が整理される。

　第7章「効率的市場仮説」では，市場価格が情報を常に完全に織り込んで形成されているという仮説が現実に妥当するとき，証券市場は経済における最も効率的な資金配分をもたらすことが明らかにされる。しかし現実には，効率的市場仮説とは矛盾する証拠も多く，仮説は近似的にしか現実妥当性をもたないことが裏付けられる。

　そのような近似的妥当性の証拠を提示しているのが，第8章「利益調整による株価形成の誤導」である。ここでは，利益調整によって増減された利益部分でも市場が業績の変化を意味すると誤解するため，株価は誤って割高・割安に形成されているが，情報に精通した投資者の取引割合が高い株式銘柄では，株価形成の誤りが観察されないことを示す証拠が紹介される。

　これらの現状分析に基づいて，第9章「財務報告の制度設計」は，資本市場の効率的な価格形成機能と資金配分機能の強化の観点から，会計ビッグバンが資本市場にもたらしたであろう影響を分析した研究からの知見をふまえて，会計基準と公認会計士監査に関する制度設計上の重要な論点を考察している。

　第10章「株価・会計情報研究の役割」では，会計基準に関する規範的な研究と対比して，記述的な研究手法で展開されてきた株価・会計情報研究の意義を振り返り，そこでの研究成果が投資者の私的利益を越えて，経済社会全体に対して公的な有用性を発揮するためのシナリオを提示する。

●注─────
1　日本企業の実体的利益調整に関しては，山口［2021］で体系的な研究が行われている。
2　紹介する対象として若林［2009］を選択したのは，鮮明なヒストグラムを描くためのバック・データを，著者から直接に入手できたことによる。利益率の分布に着目した世界最初の研究は Hayn［1995］であり，本研究に先駆けて実施された内外の研究が，若林［2009］，154-159頁で紹介されている。

3 若林 [2009]，163頁，図表 8 - 2 パネル B。

4 日産の V 字回復がビッグバスを利用した利益調整の結果であるとする見解は，青木[2004] や田中 [2004] で表明されている。

5 当時の証券取引法に基づいて，監査法人太田昭和センチュリー（当時）が連結財務諸表に関して提出した監査報告書に，次の記述がみられる。「会計処理方法の変更 1．に記載のとおり，当連結会計年度に製品保証引当金に関する会計方針を，保証書の約款に従い，過去の実績を基礎に翌連結会計年度の費用見積額を計上する方法から，翌連結会計年度以降保証期間内（3～5年）の費用見積額を計上する方法に変更した。この変更は，税法と乖離していく現状と長期的かつ国際的な視点から，財務の健全性及び費用・収益の対応をより適正に行うためのものであり，正当な理由による変更と認める。なお，この変更により，前連結会計年度と同一の基準によった場合に比べて，営業利益は14,446百万円増加，経常損失は同額減少，税金等調整前当期純損失が34,047百万円増加し，当期純損失がほぼ同額増加している。」

6 監査法人太田昭和センチュリー（当時）による監査報告書に，次の記述がみられる。「会計処理方法の変更 2．に記載のとおり，当連結会計年度に適格退職年金及び厚生年金基金の積立不足に関する会計方針を，拠出に基づき費用処理する方法から，年金の財政計算に基づき発生時に費用処理する方法に変更した。この変更は，適格退職年金については利差損等の発生により過去勤務債務が拡大したこと，また厚生年金基金において平成10年度末に最低積立基準額に対する積立水準が基準値を下回ったことから，財務の健全性を図るために行われたものであり，正当な理由による変更と認める。…（著者が中略）…なお，これらの変更により，前連結会計年度と同一の基準によった場合に比べて，…（著者が中略）…，当期純損失が233,659百万円増加している。」

7 2001年 3 月期への影響額は，次のとおり推定した。年金資産の積立不足額を，2000年 3 月期に一括償却していなければ，翌年にこれが会計基準変更時差異となり，15年均等償却とすれば［233,659百万円÷15年＝15,577百万円］ずつ毎期の利益を圧迫していたであろう。

8 2001年 3 月期の連結財務諸表に対する監査法人太田昭和センチュリー（当時）による監査報告書に，次の記述がみられる。「会計処理方法の変更に記載のとおり，提出会社は，当連結会計年度に有形固定資産の減価償却方法を，法人税法に規定する減価償却と同一の基準による定率法…（著者が中略）…から定額法に変更し，あわせて耐用年数については見積耐用年数，残存価額については実質的残存価額（備忘価額 1 円）にそれぞれ変更した。この変更は，生産集約化，プラットフォーム（車台）数の削減・共通化等により生産の安定化が見込まれる事業環境の変化と，国際的な会計慣行との整合性の観点から，投下資本の平均的な回収を図るとともに，費用・収益の対応をより適正に行うためのものであり，正当な理由に基づく変更と認める。なお，この変更により，従来の方法によった場合に比べて減価償却費は29,804百万円減少し，…（著者が中略）…税金等調整前当期純利益は29,052百万円増加している。」

9 会計処理基準に関する注記として，次の記述がみられる。「日産リバイバルプランに基づく事業構造改革に伴い，今後発生が見込まれる費用について，合理的に見込まれる金額を計

　　上している」。この結果，2000年 3 月期は引当金の設定額164,590百万円だけ利益が減少し，逆に2001年 3 期はリストラ費用を引当金の取崩で対応したため，その取崩額90,059百万円だけ利益を増加させる効果が生じた。

10　2001年 3 月期の連結財務諸表について，税効果会計関係の注記事項として，提出会社の法定実効税率41.9％と，税効果会計適用後の法人税等の負担率△21.6％の間の差異の 1 要因として，「評価性引当額の見直しによる繰延税金資産の計上」が△60.9％であるという記述がみられる。したがって，税務上の繰越欠損金に関して2000年 3 月期に設定した評価性引当額のうち，2001年 3 月期に取崩した額を，［2001年 3 月期の税金等調整前当期純利益289,698百万円×0.609＝176,426百万円］として推定した。

──── 第 2 章 ────

発生主義会計の優位性の源泉

　改めて指摘するまでもなく，現行の発生主義会計による利益測定額の方が，現金主義会計のそれよりも，優れた業績尺度であることが広く支持されている。本章の目的は，発生主義会計の優位性の源泉を，それを構成する基礎概念にまで遡って明らかにすることである。本章ではまた，発生主義会計の基礎概念の確立と普及を促進してきた2つの先駆的研究を取り上げ，その貢献について考察する。ペイトン・リトルトン『会社会計基準序説』とシュマーレンバッハ『動的貸借対照表論』がそれである。

　これらの先駆的研究により確立された利益測定の考え方は，収益と費用を会計の中心概念として位置づけていることから，「収益費用アプローチ」とよばれている。これに対し近年には，収益と費用に代えて，資産と負債を会計の中心概念として利益測定を説明する「資産負債アプローチ」の考え方が，その影響力を増している。そこで本章では，発生主義会計の優位性の観点から，これら2つのアプローチの関係や位置づけについても考察する。

第1節　発生主義会計の理念

1　発生主義利益の計算例

　発生主義会計に基づく利益測定を支えている基礎概念を明らかにするために，

次の仮設計算例を考えよう。この仮設例は，非常に簡単なものであるが，「収益費用アプローチ」とよばれる伝統的な利益測定の考え方を体系的に説明するための必要最小限の事項を含むように考案されている。またこの計算例は，第3章で利益とキャッシュフローの関係を考察する出発点となる。さらには，当期純利益の金額のうち会社による利益調整が疑われる部分を抽出することを試みる場合にも，同じ仮設計算例を引き継いで利用できるように考案されている。

設例　事業主から1,000万円の出資を受けて前期末に設立された個人企業が，当期中に①銀行から200万円を借り入れ（期間2年，年利率3%，金利後払い），②現金300万円を支払って購入した商品のうち，180万円分を250万円で掛け売りし，また③現金400万円を支払って備品を購入した。当期の減価償却費は40万円である。④当期末に未払利息を計上する。

これら一連の仮設取引を複式簿記の仕訳によって整理すれば，**図表2-1**のとおりである。期中取引の仕訳に先立って，期首の貸借対照表も仕訳形式で記載されている。下線を付した項目は，それが損益計算書の記載項目であることを意味する。

図表2-1の仕訳データに基づいて作成した当期の損益計算書と当期末の貸

図表2-1　設例の仕訳

金額単位：万円

期首の貸借対照表								
（借）	現	金	1,000	（貸）	資 本 金			1,000
期中の取引と決算整理								
①（借）	現	金	200	（貸）	借 入 金			200
②（借）	商	品	300	（貸）	現		金	300
（借）	売 掛 金		250	（貸）	売		上	250
（借）	売 上 原 価		180	（貸）	商		品	180
③（借）	備	品	400	（貸）	現		金	400
（借）	減価償却費		40	（貸）	備		品	40
④（借）	支 払 利 息		6	（貸）	未 払 利 息			6

図表 2 - 2　当期の財務諸表

損益計算書	
売　上　高	250
売 上 原 価	180
減価償却費	40
支 払 利 息	6
当期純利益	24

貸　借　対　照　表			
現　　金	500	借　入　金	200
売　掛　金	250	未 払 利 息	6
商　　品	120	負債合計	206
備　　品	360	資　本　金	1,024
資産合計	1,230	負債純資産合計	1,230

借対照表は，**図表 2 - 2** のとおりである。

　もし設例の企業活動の成果を，**現金主義会計**で測定するとすれば，当期の業績測定値は［売上収入 0 －商品仕入支出300－備品購入支出400＝△700］として算定されていたであろう。現金主義による△700よりも，発生主義による＋24の方が優れた業績測定方法であることは自明である。この優位性の源泉となっている発生主義会計の基礎概念を，改めて考えてみよう。

2　発生主義会計の 3 原則

(1)　企業会計原則の規定

　図表 2 - 2 が示す損益計算書での発生主義利益の測定は，実現原則・発生原則および対応原則という 3 つの基本原則に支えられている。1948年に制定されて以来，日本の企業会計に発生主義の考え方を根づかせるにあたり啓蒙的な役割を果たしてきた『企業会計原則』は，損益計算書原則の冒頭部分で，発生主義会計に基づく利益測定について，次のように規定している。下線は，発生主義会計の 3 つの基本原則に関連する部分として，筆者が付加したものである。

「　損益計算書は，企業の経営成績を明らかにするため，一会計期間に属するすべての収益とこれに対応するすべての費用とを記載して経常利益を表示し，これに特別損益に関する項目を加減して当期純利益を表示しなければならない。
　すべての費用及び収益は，その支出及び収入に基づいて計上し，その発生した期間に正しく割当てられるように処理しなければならない。ただし，未実現収益は，原則として，当期の損益計算に計上してはならない。」

図表 2 - 3　発生主義会計の 3 原則

対 応 原 則		
収　　　益 （経済的価値の生成）	費　　　用 （経済的価値の消費）	
達成した成果	支払済の財・サービスの消費（例，減価償却費）	未払の財・サービスの消費（例，退職給付費用）
実　現　原　則	発　生　原　則（原価配分）	発　生　原　則

　この規定の要点は，次のように要約することができるであろう。売上高など
の収益は，「実現原則」によって認識される。他方，売上原価・減価償却費・支
払利息などの各種の費用は，「発生原則」に基づいて計上する。このようにして
認識された収益と費用を関連づけた差額として利益を算定する基礎に存するの
が「対応原則」である。**図表 2 - 3** は，『企業会計原則』の通説的な解釈に従っ
て，これら 3 原則の位置づけを示したものである。

(2)　対応原則

　現金主義と比べた発生主義会計の最大の長所は，経済活動の成果を表す収益
（経済的価値の生成）と，それを得るために費やされた犠牲としての費用（経済的
価値の消費）を，厳密に対応づけることを通じて，各会計期間の経営成績がより
いっそう適切に測定されるようになる点にある。この利益計算の基礎をなすの
が**対応原則**である。対応原則は，所定のコスト負担をもって最大の成果の達成
をめざす企業の経済活動の本質とも整合している。

　収益と費用の対応関係を認識する仕方には，大別して 2 つの方式がある。1
つは，商品の売上高とその売上原価のように，特定の資産を媒介として収益と
費用の因果関係を直接的に認識する方式であり，**個別的対応**とよばれる。しか
し減価償却費や支払利息のような多くの費用項目については，売上高との間で
資産を媒介とする個別的な対応関係を識別することは困難である。そこで，こ
れらの費用を収益と対応づける第 2 の方式として，同一期間に計上された収益
と費用はその期間の経済活動を通じて対応していると解釈し，会計期間を媒介

として対応関係が認識されることになる。この第 2 の方式は**期間的対応**とよばれる。これらの方式を通じて収益と費用の対応づけが的確に行われるようになるほど，現金主義に対する発生主義会計の優位性は高まるであろう。

(3)　発生原則

　発生原則は，発生主義会計の根幹をなす最も基本的な理念である。**発生原則**によれば，収益と費用の計上は，現金収支の事実ではなく，それらの収益や費用の「発生の事実」に基づいて行うことが求められる。収益や費用の発生の事実とは，収益については企業活動による経済的価値の生成を表すような事実を意味し，費用については企業活動の過程で生じた経済的価値の消費を表すような事実を意味する。

　このうち費用の発生を，現金支出の時点と関係づけて考察すると，経済的価値の消費には 2 通りのパターンが存在することがわかる。第 1 は，減価償却計算で典型的にみられるように，企業がすでに現金支出済か支払義務が確定済の資産を保有し，これを消費するパターンである。このパターンでは，資産の取得原価が消費に伴って費用として配分されるので，その手続はとくに「原価配分」ないし「費用配分」と名づけられている。また配分の残額を，支出済でも当期の費用とせず次期以降へ繰り越すこの会計処理は「繰延べ」とよばれる。

　発生原則の第 2 の適用パターンは，退職給付費用を計上する場合に典型的にみられるように，企業が労働サービスなどを先に消費し，その支払が将来時点で行われるケースである。図表 2‐2 の損益計算書では，支払利息の計上がこれに該当する。支払に先立って費用を認識する会計処理は「見越し」とよばれる。

　見越しと繰延べは，各期間に計上すべき費用の範囲と金額を正確に把握し，発生主義会計で重視される収益と費用の対応づけを可能にするために不可欠な会計処理である。

(4)　実現原則

　収益は，生産活動や流通活動を通じた経済的価値の形成によって発生する。たとえば製造業では，原材料や労働力などの生産要素を結合して，新たな効用をもつ製品を生産するプロセスが進行するのに伴って，経済的価値が徐々に増

加していく。

　したがって発生原則を厳密に適用すれば，生産プロセスの進行によって新たな経済的価値が発生するつど収益を計上すべきことになる。しかしこの方法は実行不可能であるだけでなく，不確実な販売可能性に基づく主観的な金額で収益が認識されるという問題を生じる。生産が完了して製品が完成しても，そのすべてを予定した価格で販売できるとは限らないからである。

　工事契約などに基づく受注生産の場合は，締結済の契約に従って生産活動が行われているから，販売に関する不確実性や主観性の問題はない。しかし見込生産された財やサービスについて，後で取り消されることのない恒久性を備えた信頼性の高い収益を計上しようとすれば，財やサービスが実際に市場で販売される時点まで，収益の認識を延期する必要がある。これが収益の認識に関する**実現原則**である。

　こんにち顧客との取引による売上高や営業収益は，企業会計基準第29号「収益認識に関する会計基準」に基づき，企業が生産した財やサービスに対する支配が顧客に移転した時点で（または徐々に移転するのに伴って）認識されている。収入の時点を待つことなく，実現原則に従って信頼性が満たされた段階で収益を計上する会計処理が，発生主義会計の優位性を高めていることは直観的にも自明である。この優位性を，株価変動との連動性の強さの観点からも，実証的に確認できることを第6章第6節で明らかにする。

3　学術研究書の貢献

　このような基礎概念に裏付けられた発生主義会計の理念は，こんにち世界中の主要な会計基準の中に組み込まれて継承され，現金主義に対する発生主義会計の優位性の源泉となっている。発生主義による利益測定の方法は，誰か特定の研究者がある時代に特別に考案したり発明したものではなく，企業の会計実務の中に慣習として発達してきたものである。しかしそのような実務慣習が，規範性をもつ会計基準として成立するには，企業会計をめぐる多くの利害関係者によって一般に公正妥当なルールとして合意され受容されなければならない。

　そのような合意形成に貢献したであろう学術研究書は数多く存在するが，次の2つの書籍がその代表的なものであることは，多くの関係者が一致して認め

るところである。

　　ペイトン・リトルトン『会社会計基準序説』
　　シュマーレンバッハ『動的貸借対照表論』

　そこで次に，これら2つの文献の内容を概観し，発生主義会計の論理的説明の構築と社会的受容の促進への貢献について考察する。

第2節　ペイトン・リトルトン『会社会計基準序説』

1　会計基準の形成における位置づけ

　発生主義会計は，日本企業の利益測定の実務の中に，最も基本的な理念として現在も継承されている。その啓蒙と定着に最も大きく貢献したのは，1949年に当時の経済安定本部・企業会計制度対策調査会（現在の金融庁の企業会計審議会の前身）が，アメリカの会計基準を参考にして制定した「**企業会計原則**」である。

　アメリカでは，1930年代に「一般に認められた会計原則」を設定する試みが開始された。これは1920年代後半のニューヨーク株式市場におけるバブル的な株価上昇と，それに続く1929年の株価暴落によって，投資者に莫大な損失が生じ，証券市場が崩壊したことに起因する。この大恐慌によって，アメリカでは財務諸表の公開制度が急速に整備されることになった。

　すなわち公正な株価形成を促進して，投資者保護と証券市場の円滑な運営を確保するには，適正な財務諸表を通じた企業情報の公開が何よりも重要であることが人々に認識されるようになった。そしてそのような情報公開制度の一環として，企業の財務諸表には公認会計士による監査が強制されることになり，その監査で会計士が企業の会計処理の適否を判断する場合の根拠として，会計基準が必要になってきたのである。

　この会計基準の形成に関し，アメリカの会計士協会と会計学会はそれぞれ次のように貢献した。会計士協会による会計原則の制定は，Haskins & Sells 財

団が1935年に3名の会計学者に会計原則の作成を委託することにより本格化した。その目的は，非常に多様な会計上の取扱が並存していた当時の会計実務を標準化することであった。3名の会計学者の活動の成果は，現在のアメリカ公認会計士協会の前身であるアメリカ会計士協会（AIA：American Institute of Accountants）の会計手続委員会（CAP：Committee on Accounting Procedure）から1938年に公表された。関与した3名の会計学者の頭文字をとって，SHM会計原則とも略称される次の文献がそれである。

　　　Sanders, T.H., H.R. Hatfield, and U. Moore, "A Statement of Accounting Principles," 1938.

　この会計原則では，資本と利益の区別，取得原価による資産評価，会計上の保守主義などが強調されている。この会計原則の特徴は，その形成に際して，実際の会計実務で行われている会計処理を観察し，その中から一般的または共通的なものを抽出して，公正妥当な会計処理方法として是認するという，いわゆる「**帰納的アプローチ**」が採用されていることである。SHM会計原則が日本の企業会計原則を形成する手本として活用されたことは，広く知られているところである。

　他方，アメリカ会計学会は1936年に『会社財務諸表会計原則試案(A Tentative Statement of Accounting Principles Affecting Corporate Reports)』を公表した。SHM会計原則が，同一の会計事実について複数の会計処理方法を広く並列的に認めていたのに対し，学会の会計原則試案では，是認される会計処理方法が狭く限定される傾向が強かったことから，実務界からの批判が集中した。

　それらの批判に対応するため，試案で規定されている会計処理に関して，その理論的な基盤を提供しようとして執筆されたのが，アメリカ会計学における古典的名著として今なお読み継がれている次のペイトン・リトルトン『**会社会計基準序説**』である。

　　　Paton, W.A. and A.C. Littleton, *An Introduction to Corporate Accounting Standards*, American Acconting Association, 1940.

　アメリカ会計学会の会計原則試案，およびこれに理論的基礎を与えようとし

た『序説』の最大の特徴は，「**演繹的アプローチ**」による会計基準の形成が試みられていることである。このアプローチは，会計の前提となる目的や基礎概念を最初に規定し，これらと最もうまく首尾一貫するように，具体的な会計処理のルールを導き出す手法をいう。現行の FASB や IASB の会計基準も「**概念フレームワーク**」に基づく演繹的アプローチによって形成されている。

『序説』が採用した演繹的アプローチは，井尻雄二教授によっても，FASB の概念フレームワーク・プロジェクトと同趣旨の試みを最も早くに実施し，成功したものの 1 つであるとして評価されている（Ijiri［1980］，p.622）。

2　『会社会計基準序説』の概要

この著作は，以下で詳述する内容を論じた 7 つの章から構成される。

第 1 章「会計諸基準」では，(a)大会社における所有と経営の分離により，経営者から株主への財務報告が重要性を増しているが，(b)大会社は準公共的な性質を持つため，財務諸表作成のルールは，株主だけでなく広範囲の利害関係者に受容されるとともに，(c)会計士の活動を支援できる必要があり，(d)そのような会計ルールを根拠づけるための基礎的概念や通則が，本書でいう会計諸基準であるとされている。

続く第 2 章「基礎概念」は，企業の会計処理を根拠づける基礎概念として，①企業実体，②事業活動の継続性，③測定された対価，④原価の凝着性，⑤努力と成果，⑥検証力ある客観的な証拠，⑦仮定という 7 つの命題を挙げる。このうち①②③は，利益測定を可能にするための前提条件として誰もが肯定する命題という意味で，こんにち**会計公準**とよばれるものに相当する。すなわち会計の利益測定は，①出資者とは区別された企業実体を対象とし（企業実体の公準），②永続的な企業活動を会計期間に区切ったうえで（継続企業の公準），③貨幣額を用いて行う（貨幣的測定の公準）とされている。

これに続く④と⑤は，現行の発生主義会計の論拠となる重要な概念である。④原価の凝着性とは，企業が財やサービスの完成・販売までに要した諸生産要素への支出額や消費額を追跡して集計することをいい，その集計額は販売の時点で売上原価などの費用となる。この集計額は，資産の価値の表示を意図したものではないとして，時価評価による未実現利益の計上を否定する論拠とされ

る。⑤努力と成果は，企業活動の成果たる収益と，それを得るための努力としての費用を対応づけることにより，両者の差額として把握される利益が，企業の経営効率を反映する尺度になるという理念を表す。そのような対応づけは，支出と収入によるのではなく，努力（費用）と成果（収益）によって行うべきことが強調されている。

このようにして④と⑤は，発生主義会計を基礎づけている対応・発生・実現の3原則を導出するための論拠として役立てられる。⑥検証力のある客観的な証拠が重要であることはいうまでもない。⑦仮定には，①～⑥の正当性を評価するのに必要となる価値判断を回避するために，これらを仮定として取り扱うという意図が込められている。

第3章以下では，これらの基礎概念を駆使して，発生主義の利益測定における具体的な会計処理の合理性が根拠づけられる。第3章「原価」は，企業が取得した財やサービスは，取引価格に付随費用を加算した金額で当初認識し，収益に対応づけられるまでその評価額を保持するとして，取得原価による資産評価を提唱している。第4章「収益」では，収益の稼得と実現を区別すべき事象として位置づけ，見込生産では生産物の販売時点まで収益を認識しないと述べて，実現原則が推奨される。第5章「利益」は，原価の消費分として算定されるのが費用であり，収益がこれを上回る部分が利益であるとして，棚卸資産や固定資産の取得原価を，当期の費用部分と将来への繰越部分に配分する会計処理を詳述している。

第6章「剰余金」では，臨時的ないし期間外の特別損益項目をとり上げ，これを利益剰余金に加減する当期業績主義の利益計算を提案するとともに，資本会計にも言及する。第7章「解釈」では，上述の基本原則の応用として，棚卸資産の低価基準評価，固定資産の減損処理，物価変動会計その他の会計処理について議論している。

このようにして『会社会計基準序説』は，利益測定を企業会計の最重要課題として位置づけ，利益の構成要素である収益と費用の認識と測定を中心にして論理を展開する点で，**収益費用アプローチ**の確立に大きく貢献した著述であるといえよう。

第 3 節　シュマーレンバッハ『動的貸借対照表論』

1　動的とは何か

　ペイトン・リトルトンが，収益と費用を，企業活動からの成果とそのための努力として理解し，これらの認識と測定を直接的に論じるのに対し，シュマーレンバッハは収益・費用を収入・支出に関連づけて考察する点で特徴がある。こんにちの発生主義会計で最も重視される企業業績の尺度は，利益（＝収益−費用）であるが，現金主義会計のもとでは，収入から支出を控除して算定される収支尻（キャッシュフロー）を業績尺度として理解することができる。したがってシュマーレンバッハの著書『動的貸借対照表論』は，現金主義会計の要素となる収入・支出との関係を意識しつつ，発生主義会計の利益測定の論拠を明らかにした点で重要である。

　シュマーレンバッハの研究成果は，1919年に論文形式で発表された初版から，最終版となった1962年刊行の第13版まで，改訂を重ねつつ更新されてきた。このうち Dynamiche Bilanz という最終的に確定した書名が定着したのは1926年刊行の第 4 版からである。

　Dynamiche は英語のダイナミックに相当し，一般に「動的」と翻訳されるが，これには次の意味が込められている。商法など法律の世界では伝統的に，貸借対照表は積極財産（資産）と消極財産（負債）の差額として純財産を表示するとの見解が採用されてきた。これに対して『動的貸借対照表論』では，貸借対照表はストック項目を収容しているのではなく，企業設立時から決算日までの収入・支出・収益・費用というフロー項目のうち，いまだ最終的な決着がついていない未解消の金額を示していると説明される。貸借対照表に関するこれら 2 通りの考え方の相違を敷衍すれば次のとおりである。

　世界で最初に企業の会計記録を成文法で規制したのは，フランスにおける1673年の商事王令であり，そこでは商人が動産・不動産・債権・債務を記載した財産目録を作成しなければならないことが規定された。この影響を最も強く受けたドイツでは，1861年のドイツ普通商法において**財産目録**と貸借対照表の

作成義務が明記された。日本で1890年に起草された旧商法および1899年に公布された日本の商法は，いずれもこのドイツ法を範として制定されたものであり，財産目録の作成義務に関する規定も継承している。これらの法令が財産目録や貸借対照表に期待したのは，債権者の保護を促進するために，企業の**債務返済能力**を明らかにする役割であった。

　これに対し企業の経営者や出資者の関心は，企業活動からの利益を測定することにより，毎期の企業活動の成功度合いを確認することにある。これをふまえてシュマーレンバッハの『動的貸借対照表論』は，会計がもつ期間利益の測定機能を優先課題として位置づけたうえで，貸借対照表の本質を，次期以降の利益測定に役立てるために，期末時点での未解消項目を収容する繰越表であると説明する。その論理は次のとおりである。

2　収入・支出と収益・費用の関係

　会計の利益測定は，企業の設立から解散までの活動を1年毎の期間に区切り，[収益－費用＝利益]として把握する**期間損益計算**の方法によって行う。1年毎の期間利益を，企業の全存続期間にわたって合計した金額を全体利益というが，その金額は企業の全存続期間にわたる収入合計から支出合計を差引いて算定した収入余剰に等しい。すなわち全体期間に関しては，[全体収入－全体支出]が[期間利益（＝収益－費用）の合計]に等しいという「**一致の原則**」が成立する。しかし1年ずつ区切られた期間に関しては，[期間の収入－期間の支出＝期間の利益]という関係は成立しない。期間利益の構成要素である収益は，期間の収入とは等しくなく，また費用は期間の支出と等しくないからである。

　そこで収益と収入の差異，および費用と支出の差異に注目すれば，**図表2-4**が示す関係を導くことができる。この図表は，シュマーレンバッハの動的貸借対照表（図表2-6）への橋渡しの目的で著者（桜井）が考案したものであり，また本書の第3章で利益とキャッシュフローの関係を説明する場合にも活用される。①〜⑨の項目番号は，図表2-5や図表2-6でも用いられる。

　図表2-4に基づき，はじめに収入と収益の関係を考える。たとえば商品販売を現金決済する取引では[収益＝収入]となるが，収益と収入は相違するのが通常である。まず，当期の収入であっても当期の収益にならないものの例とし

図表 2 - 4	収益・費用と収支の関係

収　　　入	収益であるが収入でないもの ②収益・未収入（例. 売掛金） ④収益・未費用（例. 繰延税金資産）
収入であるが収益でないもの ⑦収入・未収益（例. 前受金） ⑧収入・未支出（例. 借入金）	収　　　益

支　　　出	費用であるが支出でないもの ⑥費用・未支出（例. 未払利息） ⑨費用・未収入（例. 繰延税金負債）
支出であるが費用でないもの ①支出・未費用（例. 商品，備品） ③支出・未収入（例. 貸付金）	費　　　用

　て，前受金（図表では⑦収入・未収益）や借入金（⑧収入・未支出）がある。これとは逆に，当期の収益であっても当期の収入になっていない項目の例としては，売掛金（②収益・未収入）や，税効果会計により期間差異に関して設定された繰延税金資産[1]（④収益・未費用）を挙げることができる。

　次に支出と費用の関係を考える。たとえば現金で支給した従業員給与では［費用＝支出］となるが，費用と支出もしばしば相違する。当期の支出であっても当期の費用にならないものの典型例は，商品や機械（①支出・未費用），および貸付金（③支出・未収入）である。逆に，当期の費用であっても当期の支出でないものとして，未払利息（⑥費用・未支出）や，税効果会計により期間差異に関して設定された繰延税金負債[2]（⑨費用・未収入）がある。

　収益と収入の差，および費用と支出の差として抽出した①～⑨の 8 項目（⑤を除く）は，**図表 2 - 5** の長方形の部分が示すように，収益・費用・収入・支出をめぐって生じる 4 種類の**未解消項目**に区分することができる。収益と収入の間の未解消項目②⑦は，いずれ合致して解消され，費用と支出の未解消項目①⑥も，いずれ同様にして解消される。また収入と支出の未解消項目③⑧は，反対方向での資金の流れにより消滅し，収益と費用の未解消項目④⑨も，将来期

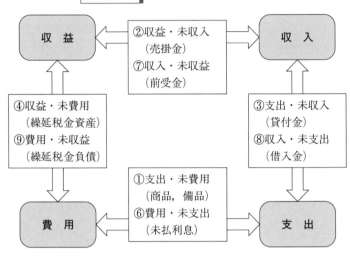

図表2-5　未解消項目の位置づけ

間における反対仕訳によって相殺される。

3　貸借対照表の本質の説明

図表2-6は，シュマーレンバッハ『動的貸借対照表論』の第4～7版に掲載されている説明図である。図表が示す①～⑨の項目番号は，図表2-4および図表2-5と共通する。図表2-6から容易に理解されるように，貸借対照表に収容されるのは，企業の設立から決算日までに生じた収益・費用・収入・支出というフロー項目のうち，いまだ最終的な決着がついていない未解消項目である

図表2-6　貸借対照表の収容項目

動　的　貸　借　対　照　表	
①支出・未費用	⑥費用・未支出
②収益・未収入	⑦収入・未収益
③支出・未収入	⑧収入・未支出
④収益・未費用	⑨費用・未収益
⑤貨幣（支払手段）	

ことがわかる。

　なお⑤貨幣（支払手段）を未解消項目とする説明には違和感が残る。これについては⑧収入・未支出の中に含まれる資本金と対応づけて考えればよい。すなわち企業設立時に行う［（借）現金/（貸）資本金］という仕訳によって登場する借方の現金は，物的存在としての**貨幣資本**を表し，貸方の資本金は資産から負債を控除した抽象概念としての**自己資本**であるから，これらは事業主の家計から企業会計を独立させるための項目である。第 8 版以降の『動的貸借対照表論』でも貨幣（現金）と資本金は独立項目として位置づけられ，未解消項目とは区別されている。

　このようにしてシュマーレンバッハ『動的貸借対照表論』は，貸借対照表を資産と負債の対比により企業の債務返済能力を表示する表とみる商法の解釈を「**静態論**」として退け，次期以降の損益計算に役立てるための未解消項目の繰越表として機能するのが，貸借対照表の本質であると主張する。したがって資産・負債の表示よりも，期間ごとの利益測定を優先して論理展開している点で，ペイトン・リトルトンの『序説』と同様に，**収益費用アプローチ**に基づく発生主義会計の論理の確立に貢献した学説であると考えることができる。

第 4 節　収益費用アプローチと資産負債アプローチ

1　資産負債アプローチの台頭

　日本で発生主義会計の定着を促進してきた「企業会計原則」は，収益と費用の把握こそが利益測定のためのよりいっそう基本的な概念であるとする見解に立脚する点で，収益費用中心観（revenue and expense view）とか**収益費用アプローチ**とよばれる。その特徴は，会計基準の体系の中で，貸借対照表に関する規定よりも損益計算書に関する規定を先に配置し，実現した収益と発生した費用を対応づけて利益を測定すべき旨を規定している点に見られる。そのような規定の妥当性を利害関係者に受容させるうえで，ペイトン・リトルトンやシュマーレンバッハの著書が貢献したことは前述のとおりである。

収益費用アプローチに関して重要なことは，資産や負債の概念が先に存在していて，それに合致するものが貸借対照表に計上されると説明するのではなく，取引額のうち収益と費用の対応づけから除外されたものが，貸借対照表に収容されると考えている点である。シュマーレンバッハの動的貸借対照表が，収益・費用・収入・支出に関する未解消項目の一覧表であると論じられているのは，その典型例であると思われる。この結果として，貸借対照表の借方に収録される項目でも，真に資産に該当するか疑わしいものが存在し，他方では，厳密には企業の義務や債務でないものが，貸借対照表に負債として計上されるという問題が引き起こされる。

この問題を解決するために登場したのが，資産負債観ないし**資産負債アプローチ**とよばれる新しい会計の考え方であり，会計で中心となるべき基礎概念は，収益・費用ではなく資産・負債であるとの見解に立脚する。そして資産は経済的資源（将来の経済的便益）であり，負債は経済的資源の引渡義務（将来の経済的資源の流出）であると定義される。収益費用アプローチのもとでの収益と費用が，経済的価値の流入と流出として抽象的に定義されているのに対し，経済的資源という概念に関連づけた資産と負債の定義は，観察や経験に照らして具体的かつ厳密に理解することができる。

この概念的な明確さこそが，資産負債アプローチが支持されるようになった主たる原因であろう。具体的な会計処理をめぐって見解の対立が生じた場合に，それぞれの会計処理がもたらす財務諸表への掲載項目の合理性を判断するには，抽象度が高い概念に照らすより，具体的で直観的な概念を用いる方が，説得力を高めるのに役立つと思われるからである。

そのような意図のもとに，収益・費用と資産・負債はいずれが会計の中心概念かという問題を最初に提示した公式文書は，アメリカの財務会計基準審議会が1978年に公表した討議資料である（FASB [1978]）。この討議資料は最終的にアメリカの財務会計の**概念フレームワーク**として結実し，伝統的な収益費用アプローチから新しい資産負債アプローチへと，会計の基本的な思考を転換させる契機となった。

2　資産負債アプローチの効用

収益費用アプローチがもたらす重要な弊害は，真に資産や負債に該当しないような計算擬制的項目が貸借対照表に計上されて，あたかも真正な資産・負債であるかのごとくに取り扱われてしまうことである。この弊害を矯正するには，観察や経験に照らして具体的かつ厳密な判断が相対的に容易な資産と負債を中心概念として定義し，定義に合致しない項目を貸借対照表から排除することが有効である。このようにして資産負債アプローチは，貸借対照表のリアリティを回復するための推進力として作用し，現金主義に対する発生主義会計の優位性を強化するうえで多くの効用をもたらしてきた。

その第1は，収益や費用の認識に伴う相手勘定として貸借対照表の資産や負債の部において将来年度の損益計算のために繰り延べられてきた項目のうち，資産・負債の定義を満たさない項目を排除することにより，財務諸表に掲載される情報を純化したことである。その代表例として，失敗が確定した研究開発活動に関する支出額はもとより，資産の定義に合致しない研究開発支出の費用処理を挙げることができるであろう。これに対し，伝統的な収益費用アプローチの影響を色濃く反映する「企業会計原則と関係諸法令との調整に関する連続意見書」には，研究開発活動の成功・失敗にかかわらず，支出額を繰延資産に計上して規則償却する会計処理を容認する旨の記述が見られる（連続意見書五・第一・三・ヘ）。

他方，負債に関しても類似の動向が生起しつつある。企業会計原則の注解18が修繕引当金を負債の項目として例示しているのに対し，企業会計基準委員会が2009年9月に公表した「引当金に関する論点の整理」は，国際会計基準第37号を引用して，これが負債に該当しない可能性を示唆している。その根拠は，企業が操業の停止や対象設備の廃棄を行う場合には修繕が不必要になるため，修繕の必要性が経済的資源を引き渡すべき義務とまではいえないことである（37項）。このほか，かつては負債とされていた繰延割賦利益や新株予約権および在外子会社にかかる貸方差額の為替換算調整勘定も，現在では負債から排除されて，その性質を反映した区分に収容されるようになっている。

資産負債アプローチの第2の効用として，従来はオフバランスとして処理さ

れてきた項目でも，それが資産・負債の定義を満たして測定可能な限り，貸借対照表に資産・負債としてオンバランス化されるようになったことが挙げられる。その典型例はファイナンス・リース取引に関するリース資産とリース債務の認識や，資産除去債務の負債計上である。また，退職給付会計に関して，以前は遅延認識としてオフバランス処理されてきた過去勤務費用と数理計算差異を，連結上は「退職給付に係る調整額」として認識し，これを退職給付引当金に加算した額を連結貸借対照表に「退職給付に係る負債」として計上する会計処理も，これに該当する。

第3に，トレーディング目的で保有する資産をはじめとする所定の資産・負債の時価評価もまた，資産負債アプローチによって促進されてきた会計処理として位置づけることができるであろう。伝統的な収益費用アプローチのもとでは，トレーディング目的で保有される資産に未実現利益が発生していても，それがキャッシュフローをもたらす市場取引を経て実現したと判定されるまでは，利益計算に算入されることはなかった。これに対し資産負債アプローチは，もともと時価変動を利用して利益を得る目的で保有し，かつ事業に影響することなく転売が容易に可能な資産・負債については，時価こそが最も的確な測定属性であるとして，時価評価への道を拓いた。また，その他有価証券など所定項目については，時価評価と実現原則による当期純利益の測定を両立させるため，純資産直入ないし包括利益の概念が導入されることとなった。

時価が下落した棚卸資産の評価減や，固定資産の減損処理もまた，マイナス方向だけに限定されてはいるが，これと軌を一にするものと考えてよい。たとえば減損が生じた機械装置について，減額前の帳簿価額に基づく多額の減価償却費を配分し続けることにより，多期間にわたって損失を計上するよりも，価値が毀損した資産については経済的資源としての価値を反映する評価額まで減額する減損処理の方が，資産負債アプローチとよりいっそう整合的であると考えられる。

資産負債アプローチによって導入され推進されてきたこれらの会計処理は，一体となって貸借対照表のリアリティを回復させて発生主義会計の潜在的な弱点を補強し，現金主義会計に対する発生主義会計の優位性の促進に寄与したと評価することができる。

3　資産負債アプローチの位置づけ

　このようにして資産負債アプローチが財務諸表の改善に果たした役割は大きいが，伝統的な収益費用アプローチのもとで尊重されてきた収益と費用の対応の概念が放棄されたわけではない。発生主義会計における利益測定の基本的な理念，すなわち達成した収益に対して負担した費用を対応づけた差額として利益を測定するという考え方は，今なお有効かつ必要な概念として承継されている。したがって 2 つのアプローチは，二者択一的な対立関係にあるのではなく，相互に補完的な機能を果たすものとして解釈する方が有益である。

　さらには，資産負債アプローチが登場する発端となった前述のアメリカの1978年の討議資料が，このアプローチをめぐる無用の誤解や混乱を避けるために，次の 2 点を強調していることが注目される。それは，(1)資産負債アプローチは，収益・費用の情報よりも資産・負債の情報の方が重要性が高いことを意味するものではないこと，および(2)収益費用アプローチが取得原価主義と結びつき，資産負債アプローチが公正価値会計と結びつくというような必然性がないことである。

　それにもかかわらず，資産負債アプローチの影響力が増大する過程で，会計情報の目的適合性の向上を論拠として，次のような提案が行われることがある。(a)余剰資金の運用として保有する金融資産だけでなく，事業用の資産もまた公正価値で測定する提案や，(b)企業の超過収益力が研究開発やブランド形成などに依存することを根拠に，これらを知的財産や無形項目として貸借対照表に計上する提案がそれである。

　しかしこれらの提案を実践するには，個々の事業用資産や企業全体から生じる将来のキャッシュフローに関する予測が不可欠になる。また予測されたキャッシュフローを現在価値に割り引いて公正価値を算定するために用いるべき適切な割引率の選択も重要な課題である。結果として予想されるのは，見積りの失敗から生じる測定誤差と，会計基準の許容範囲内で意図的に行われる利益調整の両方により，会計情報に対する信頼性が大きく損なわれることである。

　したがって資産負債アプローチを論拠として前述の(a)(b)のような提案を行うことは，会計情報に期待される役割が，投資者等が行う企業価値の評価に有用

な情報の伝達であるべきところを，信頼性の疑わしい企業価値の測定値そのものの伝達を意味する点で，資産負債アプローチへの過剰傾斜であるといわざるをえない。

このような考察に基づき，発生主義会計における収益費用アプローチと資産負債アプローチの関係について，本書は次の見解に立脚している。①伝統的な収益費用アプローチのもとで，発生主義会計の利益測定を支えるものとして考案されてきた対応・発生・実現という３つの基礎概念は今なお有効である。②資産負債アプローチに期待されるのは，期間損益計算の結果として貸借対照表に計上される項目が，資産（経済的資源）と負債（経済的資源の引渡義務）の定義に適合し，また会計情報の目的からみて網羅的であるかを検討するという，制約条件としての役割である。③この関係を遵守すれば，現金主義会計に対する発生主義会計の優位性は，よりいっそう強化される。

●注────────
1　シュマーレンバッハの著書において税効果会計への言及が見られるわけではなく，この項目の例示は著者（桜井）の考案による。
　　期間差異に関する繰延税金資産が，④収益・未費用の項目に該当することについては，次のように理解すればよい。たとえば貸倒引当金について，税務上の許容額を上回って財務会計上で計上された引当金繰入額（期間差異，かつ将来減算一時差異）に対しては，税効果会計により当期末に［（借）繰延税金資産/（貸）法人税等調整額］と仕訳されるが，貸方における税金費用の減額は，収益に相当すると考えられる。この期間差異が翌期以降に解消する時点の仕訳は［（借）法人税等調整額/（貸）繰延税金資産］であるから，借方で税金費用の追加計上が行われる。したがって繰延税金資産が計上された当期末の時点で，この繰延税金資産は「収益・未費用」の項目であると考えられる。
2　たとえば繰越利益剰余金を処分する方式で設定された圧縮記帳積立金や海外投資等損失準備金に対する税効果会計を考えればよい。当期末に［（借）法人税等調整額/（貸）繰延税金負債］と仕訳されて，借方が費用項目となるが，将来に差異が解消される時点で［（借）繰延税金負債/（貸）法人税等調整額］と仕訳されて，税金費用の減額（＝収益計上に相当する）が生じるまで，繰延税金負債は「費用・未収益」の項目である。

第 3 章

発生主義会計の潜在的な弱点

2000年 3 月決算期から日本でキャッシュ・フロー計算書の公表が開始された時，その必要性に関連づけて，「キャッシュフローは客観的事実であるが，会計利益は見積りを含むオピニオンに過ぎない」として，発生主義会計の潜在的な弱点が強調されたことがある。

本章の目的は，発生主義会計の業績尺度である「当期純利益」と，キャッシュ・フロー計算書に表示される現金主義の業績尺度である「営業活動によるキャッシュ・フロー」を対比し，発生主義会計の潜在的な弱点を明らかにすることである。その弱点の原因となる利益調整の手段と，利益調整が疑われる部分の金額を推定する方法にも言及する。

第 1 節　現金主義情報としてのキャッシュ・フロー計算書

1　キャッシュ・フロー計算書の位置づけ

第 2 章で，仮設企業の取引例を用いて，発生主義会計のもとでの利益測定を例示したのに続き，この章ではそれと同じ次の仮設例を用いて，キャッシュ・フロー計算書の作成を例示する。

図表 3 - 1 の仕訳を総勘定元帳に転記して作成した現金勘定の記載内容は図表 3 - 2 のとおりである（金額単位は万円）。この現金勘定は，期首の現金残高

（仕訳の金額単位：万円）

> **設例**　事業主から1,000万円の現金出資を受けて前期末に設立された企業が，
> ①当期首に銀行から200万円を借り入れ（期間2年，年利率3％，金利後払い），
> ②期中に現金300万円を支払って仕入れた商品のうち，180万円分を250万円で掛け
> 売りし，また③現金400万円を支払って備品を購入した。当期の減価償却費は40万
> 円である。④当期末に未払利息を計上する。

	期首	（借）	現　　　金	1,000	（貸）	資　本　金	1,000
複式簿記の仕訳	①	（借）	現　　　金	200	（貸）	借　入　金	200
	②	（借）	商　　　品	300	（貸）	現　　　金	300
	〃	（借）	売　掛　金	250	（貸）	売　　　上	250
	〃	（借）	売 上 原 価	180	（貸）	商　　　品	180
	③	（借）	備　　　品	400	（貸）	現　　　金	400
	〃	（借）	減価償却費	40	（貸）	備　　　品	40
	④	（借）	支 払 利 息	6	（貸）	未 払 利 息	6

図表 3 - 2　現金勘定の記載内容

現　　　金

前期繰越　1,000	②商　品　　300（営業活動）
①借入金　　200（財務活動）	③備　品　　400（投資活動）
	次期繰越　　500

1,000に始まり，取引①の銀行借入200が財務活動による収入として現金を増加
させ，取引②の商品仕入300が営業活動による支出として現金を減少させ，取引
③の備品購入400が投資活動による支出として現金を減少させた結果，期末の現
金残高が500になったことを示している。

　この現金勘定に記された情報を用いてキャッシュ・フロー計算書を作成し，
前章で示した損益計算書と貸借対照表に追加して，これら3つの財務諸表の相
互関係を示したのが**図表3-3**である。

　この図表に関して最初に確認しておくべき重要なポイントは，企業設立時点

| 図表3-3 | キャッシュ・フロー計算書の位置づけ |

期首の貸借対照表

| 現　金 | 1,000 | 資本金 | 1,000 |

キャッシュ・フロー計算書

営業活動	売上収入	0	
［直接法］	仕入支出	300	△300
投資活動	備品購入		△400
財務活動	銀行借入		200
当期中の資金の変動			△500

損益計算書

売 上 高	250
売上原価	180
減価償却費	40
支払利息	6
当期純利益	24

期末の貸借対照表

現　金	500	借入金	200
売掛金	250	未払利息	6
商　品	120	負債合計	206
備　品	360	資本金	1,024
資産合計	1,230	負債純資産合計	1,230

を意味する期首の貸借対照表が，2通りの資本を対比することを通じて，事業主個人の家計や財産から，企業の会計が分離独立されたことを明らかにしている点である。期首貸借対照表の借方の現金と貸方の資本金は，この分離独立の結果として，企業が次の2通りの資本を有することを示している。

　本書の読者は「資本」という用語から何をイメージするだろうか。おそらく資産から負債を控除して算定した「純資産」とか「自己資本」という抽象的な概念としての資本を思い浮かべたに違いない。これは会計学を学んだ者が共通していだく資本のイメージである。しかし資本には会計学とはまったく無関係な人々が思い浮かべるであろうもう1つの概念がある。それは目で見たり手で触ったりできる「貨幣資本」である。

　図表3-3の期首の貸借対照表には，貨幣資本が借方に現金として示され，純資産としての資本が貸方に資本金という科目名で対置されている。現金と資本

金は，企業の設立直後や解散直前も含めて，いかなる時点の貸借対照表にも必ず登場する最も基本的な勘定科目であり，この2つ以外にはそのような勘定科目は存在しない。

前章でも言及したが，貸借対照表を未解消項目の一覧表とみるシュマーレンバッハの動的貸借対照表論に対して，現金と資本金を未解消項目として説明することはできないとの批判がある。しかしこれらは未解消項目としてではなく，事業主の家計から企業会計を独立させるための特別な項目であると解釈することができる。シュマーレンバッハ自身も，第8版以降の『動的貸借対照表論』において，現金と資本金を独立項目として位置づけている。

次に，現金と資本金の期中変動について考察する。純資産としての資本の期中変動は，資本取引に起因する部分を除いて，損益計算書によって計測され表示される。もう1つの資本概念である貨幣資本の期中変動を計測して表示しているのがキャッシュ・フロー計算書である。図表に即していえば，損益計算書は，純資産たる資本金が期首残高1,000から期末残高1,024へ増殖した理由を説明する。他方，キャッシュ・フロー計算書は，貨幣資本たる現金が期首残高1,000から期末残高500へ変化した理由を説明している。

したがってキャッシュ・フロー計算書は，複式簿記の体系の中で損益計算書と対等に位置づけられる会計書類である。現行の損益計算書が，発生主義会計によって測定された利益の情報を収録しているのに対し，キャッシュ・フロー計算書は現金主義会計で把握された収支の情報を示すと考えればよい。

2　キャッシュ・フロー計算書の役割

キャッシュ・フロー計算書の作成と公表が，金融商品取引法のもとで要求されるようになった背景には，損益計算書や貸借対照表を所与としてもなお，キャッシュ・フロー計算書が有用な情報を追加的に提供するという期待が存在する。その具体的な意味は，次のように理解することができる。

図表3-3の損益計算書は当期純利益24が実現したことを示すが，当期純利益が計上されても，同額の手持ち資金が増えたわけではない。キャッシュ・フロー計算書はむしろ手持ちの現金が半減したことを明示して，損益計算書の利益額には資金的な裏付けがないことを教えている。このようにしてキャッシュ・フ

ロー計算書は，資金的な裏付けの有無や程度の観点からみた，損益計算書上の「利益の品質」を評価するための追加情報を提供している。

　この利益の品質という用語には，発生主義会計の当期純利益が，その測定過程において企業が行った会計上の裁量的判断によって影響を受けやすく，そのような裁量的部分の割合が大きいほど，当期純利益の金額は品質が低いという意味が込められている。当期純利益のうち，企業による会計上の裁量的判断の影響を受けた部分を推定する方法については，本章の第6節で検討する。

　他方，貸借対照表の情報に対してキャッシュ・フロー計算書が追加的に提供するのは，資金繰りの観点からみた企業の安全性（または倒産危険度）を評価するための追加情報である。短期的な企業の支払能力を評価するための1つの指標は，流動比率（＝流動資産÷流動負債）であるが，図表の期末貸借対照表から算定される流動比率は，倒産の懸念が全くないと結論づけられるほど非常に高い。しかしキャッシュ・フロー計算書は当期と同じ状況がもう1期続けば，現金が底をつき資金繰りからみた企業の支払能力に問題が生じることを示している。

　このことから損益計算書や貸借対照表を所与として，キャッシュ・フロー計算書に期待される機能は，損益計算書に対しては利益の品質を評価するための情報提供であり，貸借対照表に対しては資金繰りの観点からみた債務返済能力を評価するための情報提供であるといえる。

第2節　キャッシュ・フロー計算書の基礎概念

1　営業活動によるキャッシュ・フロー

　現金主義情報としてのキャッシュ・フロー計算書と対比しつつ，発生主義会計の特徴を考察するために，企業会計審議会が1998年に制定した現行基準である「連結キャッシュ・フロー計算書等の作成基準」の規定内容の重要論点を確認しておこう。論点の第1は，区分表示された「営業活動によるキャッシュ・フロー」の概念である。

損益計算書が収益・費用を区分して利益を段階的に計算する方法により，企業の経営成績を明瞭に表示するための工夫を行っているのとちょうど同様に，企業の資金の変動状況をキャッシュ・フロー計算書がよりいっそう適切に表示するには，企業活動の分類に応じて記載項目を区分表示するのが有効である。この目的のために，企業の経済活動は①営業活動（operating），②投資活動（investing），および③財務活動（financing）に3区分され，各区分ごとに算定された収支尻の金額は，それぞれ「営業（または投資・財務）活動によるキャッシュ・フロー」として表示される。

①営業活動は，企業が主として営む事業に関連する活動であり，売上収入や商品・原材料の仕入支出，人件費や販売費・管理費の支出が中心となる。会社に課される法人税等の税金費用もこの区分に掲載する。②投資活動は，設備投資・証券投資・融資の3つから構成される。これらはいずれも調達資金を各種の資産に投下する活動に関係しており，なかでも有形固定資産への資本的支出は金額的にも重要である。最後に③財務活動は，資金の調達（銀行借入，社債発行，新株発行など）と返済（借入返済，社債償還など）から成る。

利子や配当については，(a)受取利息・受取配当金・支払利息を営業活動に区分し，支払配当金を財務活動に区分する方法と，(b)受取利息・受取配当金を投資活動に区分し，支払利息・支払配当金を財務活動に区分する2通りの方法が認められているが，圧倒的に多数の企業が採用する方法は(a)である。

(a)は損益計算書での利益計算における利子・配当の取扱と対応しており，「営業活動によるキャッシュ・フロー」を経常利益や当期純利益と対比して，利益の品質を評価するのに役立つ。これに対して(b)は，利子・配当と元金の記載区分を整合させている。

本書では，発生主義会計の業績尺度である「当期純利益」を，現金主義会計の業績尺度である「営業活動によるキャッシュ・フロー」と対比して，発生主義会計の特徴を議論するので，利子や配当については(a)の取扱をすることが想定されている。

2　直接法と間接法

キャッシュ・フロー計算書の3区分のうち，営業活動の区分の作成と表示の

方法には，直接法と間接法の 2 通りがある。投資活動と財務活動の区分については，直接法だけが存在する。

　直接法は，1 期間中の収入と支出の総額を記載し，その差額として資金の増減を直接的に明らかにする方法である。図表 3 - 3 のキャッシュ・フロー計算書は直接法によるものであり，企業の収支を総額で表示するのが長所である。他方，間接法の場合は，損益計算書の当期純利益(株式会社の場合は税金等調整前当期純利益) に所定の加算・減算を行うことにより，期中の資金変化額が間接的に明らかにされる(図表 3 - 7 参照)。この方法は，当期純利益とキャッシュ・フローの関係を明示する点で優れている。

　このため直接法と間接法は，ともに妥当な作成・表示の方法として是認されており，企業はいずれかの方法を選択することができる。しかし現実に大部分の企業が選択するのは間接法である。

　本書では，発生主義会計の業績尺度である「当期純利益」を，現金主義会計の業績尺度である「営業活動によるキャッシュ・フロー」と対比して，両者の金額に差異がもたらされた要因について考察する。したがって大部分の企業が間接法を採用している状況は，本書での考察を進めるうえで好都合である。

　そこで次に，営業活動によるキャッシュ・フローと当期純利益の間の差異の内訳を把握する基礎とするため，本章の冒頭で示した設例を活用して，間接法によるキャッシュ・フロー計算書の作成を例示する。間接法の長所は，直接法の結果との比較を通じてよりいっそう明らかになるので，直接法での作成も併せて例示する。

第 3 節　キャッシュ・フロー計算書の作成

1　直接法による作成

　直接法では収入と支出を総額で表示するが，収入と支出を把握する基礎は，損益計算書の収益と費用である。ただし収益から収入を導出し，費用から支出を導出するには，収益と費用を出発点とした上で，収益と収入の食い違い分，

および費用と支出の食い違い分について調整を行わなければならない。そのような食い違い分は，期首から期末への貸借対照表項目の金額の変化分となって現れる。

　この原理を教えてくれるのが，シュマーレンバッハの動的貸借対照表論である。**図表3-4**は，シュマーレンバッハのいう動的貸借対照表を導く橋渡しとして，収益・費用と収入・支出の間の差異の結果が，貸借対照表に現れることを示すために作成した図表2-4を再掲している。たとえば掛売上は，収益を実現させるが収入は増加させないから，収益と収入の差異要因の1つであり，その結果は貸借対照表において売掛金の増加となって表れる。

　したがって損益計算書を基礎として，収益・費用を収入・支出へと変換して直接法のキャッシュ・フロー計算書を作成するには，貸借対照表の各項目の期首から期末への変化額から構成される比較貸借対照表が出発点となる。そのうえで貸借対照表の各項目の変化額を，損益計算書の関連項目に加算・減算すればよい。たとえば売上収益のうち未回収額が売掛金の増加となることを利用して，売上高から売掛金の期中増加額を控除することにより，売上収入を算出するのである。**図表3-5**がその過程を例示している。

図表3-4　　収益・費用と収支の関係（図表2-4再掲）

収　　入	収益であるが収入でないもの ②収益・未収入（例．売掛金） ④収益・未費用（例．繰延税金資産）
収入であるが収益でないもの ⑦収入・未収益（例．前受金） ⑧収入・未支出（例．借入金）	収　　益

支　　出	費用であるが支出でないもの ⑥費用・未支出（例．未払利息） ⑨費用・未収益（例．繰延税金負債）
支出であるが費用でないもの ①支出・未費用（例．商品，備品） ③支出・未収入（例．貸付金）	費　　用

図表3-5　直接法によるキャッシュ・フロー計算書の作成表

比較貸借対照表	（借方）	（貸方）	修正 記 入		支出	収入
現　　　金		500	※　500			
売　掛　金	250			ア　250		
商　　　品	120			イ　120		
備　　　品	360		ウ　40	エ　400		
借　入　金		200	オ　200			
未 払 利 息		6	カ　6			
資　本　金		24	キ　24			
合　　計	730	730				
損 益 計 算 書					キャッシュ・フロー計算書	
					支出	収入
売　　　上		250	ア　250			
売 上 原 価	180		イ　120		300	
減価償却費	40			ウ　40		
支 払 利 息	6			カ　6		
当期純利益	24			キ　24		
合　　計	250	250				
備品の購入			エ　400		400	
借入金の収入				オ　200		200
資金の変化				※　500		500
合　　　計			1,540	1,540	700	700

　図表3-5の作成表を利用すれば，次の手順で直接法のキャッシュ・フロー計算書を作成することができる。①期首と期末の貸借対照表を比較して各勘定科目の期中変化額を把握する。図表3-5の左上の比較貸借対照表の記載項目がそれである。このそれぞれが収益・費用を収入・支出へ変換するための調整項目となる。②現金以外の各項目の変化額を，関連の損益計算書項目へ振り替える。その作業が図表の修正記入欄で示されている。たとえば売掛金は売上高と関連し，商品は売上原価と関連し，備品の減少額は減価償却費と関連し，未払利息の増加額は支払利息と関連する。損益計算書に関連項目がなければ，収支の項目を新設する（備品購入と銀行借入）。③損益計算書の各項目について，比較貸借

対照表から振り替えられてきた調整額を加減算することにより，図表3‐5の右端に配置されたキャッシュ・フロー計算書の収入額と支出額を算定して記載する。④現金の変化額も同様に振り替えて（図表3‐5の※），修正記入欄の合計額（1,540）の貸借一致を確認する。

2　間接法による作成

　間接法は，発生主義会計の当期純利益を出発点として，収益と収入の食い違い分，および費用と支出の食い違い分を調整することにより，発生主義の利益額を現金主義の収支差額へと変換して，キャッシュ・フロー計算書を作成する方法である。その作成過程が**図表3‐6**で例示されている。

　この原理は，前掲の仮設例のデータを利用して，貸借対照表等式を次のように展開することにより，容易に理解することができる。キャッシュ・フロー計算書で資金とされる項目のうち，仮設例で登場するのは現金だけであるから，貸借対照表等式の資産は，資金たる現金とその他の資産に二分される。

　　現金＋その他の資産＝負債＋資本

　この等式は残高だけでなく，△で表記した期中変化額についても成立する。

　　△現金＝－△その他の資産＋△負債＋△資本

　これを仮設例に登場する項目名で表現し直せば次のとおりである。右辺の各項目の勘定科目名と符号が，図表3‐6の比較貸借対照表の項目および貸借と合致していることがわかる。

　　△現金＝－△売掛金－△商品－△備品＋△借入金＋△未払利息＋△資本金

　ここで［△備品＝備品購入支出－減価償却費］と［△資本金＝当期純利益］を代入する。

　　△現金＝－△売掛金－△商品－（備品購入支出－減価償却費）
　　　　　　＋△借入金＋△未払利息＋当期純利益

　最後に，右辺の項目を，営業活動・投資活動・財務活動の順に並べ替えれば，

図表3-6が示す間接法のキャッシュ・フロー計算書の構成項目が，右辺にそのまま登場する。

　△現金＝当期純利益＋減価償却費－△売掛金－△商品＋△未払利息
　　　　－備品購入支出＋△借入金

　等式の左辺は，直接法による作成原理（図表3-2の現金勘定）を示し，右辺は間接法の作成原理を示す。直接法と間接法が結果的に同額の収支尻を算定するのは，両者が貸借対照表等式から導かれたものであることに起因する。

図表3-6　間接法によるキャッシュ・フロー計算書の作成表

比較貸借対照表	（借方）	（貸方）	修　正　記　入			
現　　　　金		500	※	500		
売　掛　金	250				ア	250
商　　　品	120				イ	120
備　　　品	360		ウ	40	エ	400
借　入　金		200	オ	200		
未　払　利　息		6	カ	6		
資　本　金		24	キ	24		
合　　計	730	730				
キャッシュ・フロー計算書			（資金減少）		（資金増加）	
営業活動						
当期純利益					キ	24
減価償却費					ウ	40
売掛金の増加			ア	250		
商品の増加			イ	120		
支払利息					カ	6
投資活動						
備品の購入			エ	400		
財務活動						
借入金の収入					オ	200
資金の変化					※	500
合　　計				1,540		1,540

| 図表 3 - 7 | 間接法のキャッシュ・フロー計算書の表示 |

営業活動によるキャッシュ・フロー	
当期純利益	24
減価償却費	40
売上債権の増減額（△は増加）	△250
棚卸資産の増減額（△は増加）	△120
支払利息	6
営業活動によるキャッシュ・フロー	△300
投資活動によるキャッシュ・フロー	
有形固定資産の取得による支出	△400
投資活動によるキャッシュ・フロー	△400
財務活動によるキャッシュ・フロー	
借入金による収入	200
財務活動によるキャッシュ・フロー	200
現金及び現金同等物の増減額（△は減少）	△500
現金及び現金同等物の期首残高	1,000
現金及び現金同等物の期末残高	500

　図表3-6の作成表を利用すれば，次の手順で間接法のキャッシュ・フロー計算書を作成することができる。①直接法の場合と同様に，期首から期末への比較貸借対照表を作成する。②現金以外の各項目の変化額を，前述の等式に従い，営業・投資・財務の各活動に区分して，キャッシュ・フロー計算書に振り替える。③現金の変化額も同様に振り替えて（図表3-6の※），修正記入欄の合計額（1,540）の貸借一致を確認する。④最後に，これらのデータを間接法の標準的な書式に従い，**図表3-7**のように表示する。

第4節　会計発生高

1　利益とキャッシュフローの差異

　図表3-7で例示した間接法のキャッシュ・フロー計算書は，損益計算書の当

期純利益に所定の加算・減算を行って，営業活動によるキャッシュ・フローの
額が算出される構造になっている。したがって間接法のキャッシュ・フロー計
算書は，当期純利益とキャッシュ・フローの関係を考察するための優れた素材
である。**図表 3 - 8** は，本書で提示している仮設取引例について，当期純利益（＋
24）と営業活動によるキャッシュ・フロー（△300）の関係を，その差異の内訳
とともに要約したものである。

　当期純利益から「営業活動によるキャッシュ・フロー」（以下では営業 CF と略
記する）を控除して算定される差額を，**会計発生高**（accounting accruals）とい
う。設例の企業の会計発生高は，［当期純利益24－営業 CF △300＝＋324］であ
る。会計発生高という用語は，現金主義会計の営業 CF を，発生主義会計（accrual
basis of accounting）の当期純利益へと変換するために，加算や減算が行われた
金額であることを意味する。

　図表 3 - 8 は，この企業の会計発生高が 4 つの内訳項目から構成され，現金主
義から発生主義への変換のために，営業 CF に対して次のような加算・減算が行
われたことを示している。それぞれの論拠は次のように考えればよい。①固定
資産の取得支出は投資活動として扱われるため，営業 CF では何ら考慮されて
いないので，発生主義利益の測定では設備投資額のうちの当期消費分を減価償
却費として減額する（－40）。②掛売上は現金収入をもたらさないので営業 CF
には含められていないが，発生主義会計では販売時点で収益に計上するので，
掛売上による売上債権の増加分は加算する（＋250）。③営業 CF の計算では，商
品仕入による現金支出はその総額が減額される（－300）が，発生主義会計では
仕入額のうち売上高と対応する部分だけを売上原価として費用計上する

図表 3 - 8　**会計発生高とその内訳**

発生主義会計の当期純利益　　＋24	
現金主義会計の	**会計発生高**（accounting accruals）　＋324
	（内訳）①減価償却費　　　　－40
営業活動による	②売上債権の増加　＋250
キャッシュ・フロー	③棚卸資産の増加　＋120
（営業 CF）　　△300	④支払利息　　　　－6

（－180）ので，在庫の増加となった部分は営業 CF に加え戻す（＋120）。④借入金の利息を元金返済時に後払する契約の場合，当期には利息支払の支出が生じていないから営業 CF では減算されていないが，金融サービスの消費の事実は発生済であるから，発生主義会計では未払でも利息費用は減算する（－6）。

2　必然的な差異と意図的な差異

　会計発生高を構成する内訳項目について，このように検討してくると，会計発生高はその全体が現金主義と発生主義の相違に起因して生じる必然的な差異であるように思われるかもしれない。しかし決してそうではない。包括的な分析は次節で行うが，ここでは直観的に理解できる例を1つだけ挙げておこう。

　本章の設例では，企業が当期首に400で取得した備品の耐用年数を10年として定額法で減価償却することを仮定し，期末に40の減価償却費を計上している。しかし経営者が見積った耐用年数10年は，毎年の減価償却費の引下げによる利益の捻出を目的として長めに想定されており，利益捻出の必要がなければ本来の耐用年数は8年であると，経営者が考えている仮定としよう。耐用年数が8年であれば，毎年の減価償却費は40から50へと増加し，当期純利益は14に減少していたはずである。それにもかかわらず会計上は10年の見積り耐用年数で減価償却が行われ，＋24の当期純利益が計上されているから，会計発生高＋324のうち＋10は意図的に生み出された部分であると考えられる。したがって**図表3 -9**が示すように，これを除く残りの部分（＋314）が，現金主義と発生主義の相違から必然的に生じた部分であることになる。

　当期純利益と営業 CF の差異として算定される会計発生高のうち，企業が会計処理のために行う意図的な判断の影響を受けることなく，純粋に現金主義と

図表3 - 9　非裁量的発生高と裁量的発生高

当　　期　　純　　利　　益　　＋24		
営業活動による キャッシュ・フロー △300	会　計　発　生　高　＋324	
	必然的な差異 **非裁量的発生高**　＋314	意図的な差異 **裁量的発生高**　＋10

発生主義の相違によって生じている差異の部分を，企業の裁量が加えられていない会計発生高という意味で，「**非裁量的発生高**（Non Discretionary Accruals）」という。これに対し企業の意図的な判断の影響を受けて生じている差異部分は「**裁量的発生高**（Discretionary Accruals）」とよばれる。

　この裁量的発生高こそが，企業の利益調整によってもたらされた金額である。したがって利益調整を除く本来の利益額は，［営業活動によるキャッシュ・フロー△300＋非裁量的発生高314＝14］であったことになる。

　会計発生高を 2 つの部分に区分する実践的な手法は，第 6 節で考察する。

第 5 節　利益調整の手段

1　発生主義会計で必要になる判断

　キャッシュ・フロー計算書の開示が，金融商品取引法の下で初めて要求されるようになったのは，西暦2000年 3 月決算期からである。その当時，キャッシュ・フロー計算書の必要性に関連してしばしば言及されたのは，「キャッシュフローは客観的な事実であるが，会計利益は見積りを含むオピニオンに過ぎない」という指摘であった。これが意味するところは，キャッシュフローは実行された現金収支そのものであるから会計では操作ができないが，発生主義の会計利益は，企業が行う多くの判断に基づいて測定されているので，その判断次第では意図的な操作が可能であるということである。これは発生主義会計の弱点を指摘したものであると考えることができる。

　そこで次に，図表 3 - 1 の仮設例に即して，発生主義の利益測定でどんな判断が必要とされ，どれほどの意図的な操作が可能であるのかを具体的に考えてみよう。**図表 3 -10**は，この仮設例の利益測定に際して必要とされる判断事項について，それが適正表示目的と利益調整目的で行われる場合を対比したものである。図表の左側には，財務諸表の適正表示の目的で行われる場合の判断の内容が示され，右側には，利益数字が赤字にならないように利益を捻出する目的で行われる場合の判断の内容が記載されている。判断の内容は，会計方針に関す

図表3-10　発生主義会計に必要な判断事項

判断事項		適正表示目的	利益調整目的
会計方針	①減価償却の方法	固定資産の能力の直線的減少を反映するために定額法を選択する。	定率法の初期年度の費用額は大きいので，定額法を選択して削減する。
	②未払利息の計上	重要性にかかわらず厳密な会計処理を行う。	（重要性の乏しさを根拠に，計上を省略する場合がある）
会計上の見積り	③売掛金の回収可能性	回収可能性が万全なので貸倒引当金を計上しない。	利益捻出のため，貸倒引当金繰入の費用計上を回避する。
	④残存価額と耐用年数	入手可能な情報に基づきベストな予想値を採用する。	計上したい減価償却費の額に見合う予想値を意図的に選択する。
	⑤固定資産の減損	兆候がないので減損損失は計上不要である。	将来CFを過大に見積もり，減損損失の計上を回避する。

るものと，会計上の見積りに関するものに大別することができる。

　図表3-10の上半分は，会計方針に関する判断である。このうち①の減価償却方法については，固定資産の能力の直線的減少を反映するために定額法を選択しているのなら，適正表示目的に従った判断である。しかし，定率法では初期の年度に配分される金額が大きいので，費用計上額の削減のため定額法を選択しているのなら，利益捻出目的である。②の未払利息は，金額的重要性のいかんにかかわらず計上するのが厳密な会計処理であるが，場合によっては，金額的重要性の乏しさを根拠に，計上を省略する場合もある。

　図表の下半分は会計上の見積りに関係する。③の貸倒引当金の不計上については，適正表示目的の下で売掛金の回収可能性が万全なので貸倒引当金を計上していない場合もあれば，利益捻出目的のために貸倒引当金繰入の費用計上を回避している場合もある。④の固定資産の残存価額と耐用年数については，現時点でのベストな予想値を採用しているのなら適正表示目的であるが，計上したい減価償却費の金額に見合う残存価額や耐用年数を意図的に選択したのであれば，利益調整が行われているといわざるをえない。最後に⑤の固定資産の減損処理については，現時点で減損の兆候がなく減損損失は計上不要と判断した

のであれば，適正表示目的と整合するが，減損損失の計上回避のために将来の
キャッシュフローを過大に見積っているのであれば，利益を捻出する目的での
判断であったことになる。

　以上が，必要な判断の例示であるが，これほど単純な設例でも，これだけ多
くの判断の余地が存在するのである。もし企業が真に適正表示目的を重視する
のであれば，発生主義の会計利益の方が，現金主義のキャッシュフロー情報に
比べて，企業の業績指標として明らかに優位性をもつと期待してよい。このと
き発生主義会計は長所を発揮して，鮮やかな光を放つことができるであろう。
これに対して，もし企業が表の右側のような判断を行うのであれば，発生主義
の会計利益はその優位性を大きく低下させてしまうおそれが多分に存在する。
このとき発生主義会計はその弱点が表面化して，暗い影を落とすことになって
しまうであろう。

2　企業による判断の尊重

　発生主義会計が光を放つか暗い影を落とすかは，発生主義会計の実践に必要
な判断を，企業がどんな目的や姿勢で行うかにかかっている。そのような判断
が問題となる領域としては，会計方針の選択と変更，および会計上の見積りと
いう 2 つの領域がある。これに関しては，そのような意図的な判断の余地を企
業に残しておくことの是非こそ，検討すべき問題だという意見があると思われ
る。

　そこで次に，この点も含めて，そのような判断の余地をめぐる現行の制度設
計を確認しておこう。まず問題になるのは，判断の余地が企業に残されている
理由であるが，これは次のように説明されている。

　第 1 に，会計方針の選択に関しては，企業の事業内容などビジネスの実態が
多様であるため，それを描写する会計処理について複数のメニューを準備して
おき，適正表示目的に沿った経営者のベストな選択に期待するという考え方が
採用されている。また，そのようにしていったん選択された会計方針であって
も，経済環境が変化すれば，ベストなものでなくなる場合もあるので，適正表
示を回復するなど正当な理由があれば，会計方針の変更も許容しておかなけれ
ばならない。

第2に，会計処理に必要な会計上の見積りが経営者に一任されている背後には，その企業の将来のビジネスの状況に関して，見積り能力が最も高いのは経営者であるから，経営者によるベストな見積りを利益測定値に反映させることを通じて，財務諸表の適正表示を促進するという考え方が存在する。

　ただし，これらの論拠はいわば経営者を性善説で理解し，財務諸表がもっぱら適正表示目的で作成されることを前提にしているが，そのような理解や前提が常に正しいとは限らない。中には経営者の判断を性悪説で解釈し，会計方針や会計上の見積りに乗じて，経営者が財務諸表を意図的にゆがめていると疑うべきケースが生じる可能性もある。そこで現行の会計制度の設計においては，次のような対応策が併せて採用されている。

3　利益調整を牽制する制度設計

　会計方針に関しては，採用することができる会計処理方法の範囲を狭めて選択肢を削減する方向で，会計基準が改訂されてきた。たとえば棚卸資産の期末評価基準として，会計ビッグバンの以前は原価基準と低価基準の間で自由選択が可能であったが，現在は低価基準に統一されている。また新製品などの研究開発支出についても，以前は資産計上と費用処理という2つの選択肢があったが，現在は費用処理が強制されている。さらには他企業を合併した場合も，持分プーリング法が禁止され，パーチェス法だけが妥当な会計処理として存続している。

　次に，会計処理に際して企業が選択した会計方針は，財務諸表の作成の基本となる重要な事項として，注記しなければならないことになっている。財務諸表の利用者は，この情報を通じて，企業の会計処理がどの程度まで利益捻出的または利益圧縮的であるのかを知ることができる。

　とくに会計処理方法の変更については，利益を意図的ないし恣意的に増減させることをねらった変更が行われないように，継続性の原則による制約が課せられている。正当な理由なく変更することが禁止されており，また変更時には企業が正当と考える変更理由の注記が求められる。さらには正当な理由で変更を行った時には，過去に公表済みの財務諸表に対して遡及処理を行うべきこと，すなわち変更後の新しい会計処理方法があたかも最初から適用されていたかの

ように，過去の財務諸表に遡ってその数値を修正する処理が，企業会計基準第24号によって要求されている。この作業は非常に大きな事務的負担となるので，会計方針のむやみな変更に対して有効な歯止めになるものと思われる。

次は，会計上の見積りに関する制度設計である。これについては2021年 3 月期から 2 つの大きな制度改正が行われた。第 1 は，企業会計基準第31号「会計上の見積りの開示に関する会計基準」が適用され，企業が行う会計上の見積りいかんで利益の金額などが重要な影響を受ける項目について，その見積りに関連する情報の注記が求められるようになったことである。注記による開示が求められるのは，見積りによって影響を受けるとして識別された項目名，財務諸表でのその項目の計上金額，および見積内容の理解に役立つ情報，たとえば計上金額の算定方法や金額算定のための仮定がそれである。

第 2 に，2021年 3 月決算期から，金融商品取引法の公認会計士監査で監査報告書に「監査上の主要な検討事項」（KAM：Key Audit Matters）が記載されるようになったことも重要である。公認会計士が監査を行うにあたって特に重要と考えた事項があれば，その内容を監査報告書に記載する制度が開始されたのである。KAM として記載された事項に関する集計結果によると，会計上の見積りに関連する項目や領域が KAM の対象となる場合が圧倒的に多いことが報告されている（たとえば異島［2022］，17頁）。

会計方針や会計上の見積りに関連するこれらの制度設計は，企業が意図的ないし恣意的な判断を通じて財務諸表に操作を加えようとする試みに対して，大きな牽制効果を発揮するものと期待することができる。しかし残念ながら，そのような牽制効果は完璧ではない。会計基準が許容する範囲内であれば，企業には会計方針や会計上の見積りを通じて，利益数値を自らが望むレベルへと調整する余地が残されていることを，財務諸表の利用者は明確に認識しておく必要がある。

第6節　利益調整部分の推定

1　ジョーンズ・モデル

　会計方針や会計上の見積りを手段として，企業が会計基準の許容範囲内で意図的に利益調整を行う可能性が，発生主義会計の潜在的な弱点として認識されるに伴い，研究者は報告利益のうち利益調整が疑われる金額を推定する試みを開始した。図表3-9が示すように，会計発生高を，非裁量的発生高（現金主義と発生主義の差がもたらす必然的な差異の部分）と，裁量的発生高（利益調整であると疑われる部分）に区分する研究がそれである。この区分作業は，ジョーンズ・モデルと名づけられた統計モデルを活用して行う。

　モデルの名前は，これを最初に考案したシカゴ大学の Jenifer Jones 教授が1991年に発表した論文（Jones [1991]）にちなんで名づけられている[1]。そしてこのモデルは，発表後30年が経過した現在もなお，財務会計で利益調整の研究をする場合に，幅広く活用される標準的な手法になっている。

　ジョーンズ・モデルの発想は，現金主義と発生主義の相違から生じる必然的な差異を意味する「非裁量的発生高」の金額を決定する主たる要因が，①売上高の増加と，②有形固定資産の残高であるとする点にある。このことを数式で表現したのがジョーンズ・モデルであり，次のように記述することができる。

　会計発生高＝α_1＋α_2・売上高増加＋α_3・有形固定資産残高

　ここで重要な論点になるのが，なぜ売上高の増加と有形固定資産の残高が，会計発生高を説明する不可欠の要因になるのかという問題である。この問題を考察するには，本章の冒頭で提示した図表3-1の設例について，当期純利益（＋24）と営業CF（△300）から算定される会計発生高（＋324）と，その内訳項目を整理した図表3-8が役に立つ。そこでは会計発生高の内訳として，①減価償却費の40，②売上債権の増加250，③棚卸資産の増加120，および④支払利息6が示されている。

　このうち重要な金額を示しているのは②売上債権の増加と③棚卸資産の増加

であり，これをもたらしたのは営業規模の拡大である。したがってこの要因は，売上高を対前年でみた増加額によって把握することができる。図表3‐1の設例は，企業の設立初年度であるから，前期の売上高0と対比した場合の当期の売上増加の具体的な金額は250である。

　次に金額が大きい内訳項目は①減価償却費であるが，その発生原因は固定資産の保有と使用であるから，この要因は固定資産の残高によって把握することができる。この設例では，貸借対照表に計上された備品の期末残高360が，その具体的な金額である。図表3‐8によれば，これ以外に④支払利息も差異の要因になっているが，その影響度は相対的に小さい。

　このようにして，ジョーンズ・モデルは，会計発生高の必然的な決定要因として，売上高の増加と，固定資産の残高に着目している。もちろんこれ以外の要因も追加して，モデルをよりいっそう精緻化する研究も行われている[2]が，ここではこれ以上の説明は省略する。

2　非裁量的発生高と利益調整部分の推定

　財務会計の研究者は，次式で表されるジョーンズ・モデルを利用して，会計発生高を非裁量的発生高と裁量的発生高に区分する作業を行ってきた。

会計発生高＝α_1＋α_2×売上高増加＋α_3×有形固定資産残高

図表3‐1の仮設例に即していえば，このうち売上高増加は250，有形固定資産残高は360である。したがってあとは α_1，α_2，α_3 という3つの係数の値がわかれば，発生主義と現金主義の相違が必然的に引き起こす差異の部分として，非裁量的発生高の金額を計算することができる。次にこの計算を例示する。

　これら3つの係数の値は，調査対象企業の同業他社のデータに基づいて，回帰分析を行うことにより推定する。いま，調査対象企業の同業他社としてA・B・C・Dという4つの企業があり，各社の会計発生高・売上高増加・有形固定資産残高が，**図表3‐11**のとおりであったとしよう。

　会計発生高を従属変数とし，売上高増加と有形固定資産残高を独立変数とする重回帰分析を行えば，[α_1＝36.37，α_2＝1.48，α_3＝－0.16]という推定結果が得られる[3]。この計数推定値と，売上高増加250および有形固定資産残高360を代

図表3-11　ジョーンズ・モデルの推定データ

企業	会計発生高	売上高増加	有形固定資産残高
A社	270	200	400
B社	−310	−180	500
C社	380	300	600
D社	520	400	700

入すれば，分析対象企業の会計発生高の期待値は，［36.37＋1.48×売上高増加250−0.16×有形固定資産残高360＝348.77］と算定される。設例の企業では，この金額が，現金主義と発生主義の相違がもたらす必然的な差異の部分，すなわち非裁量的発生高の推定値である。したがって利益調整部分を除く本来の利益額は，［営業活動によるキャッシュ・フロー△300＋非裁量的発生高349＝49］であったことになる。他方，利益調整が疑われる裁量的会計発生高は［会計発生高324−非裁量的会計発生高349＝−25］と算定される。前掲の図表3-9は，減価償却の耐用年数の見積りを通じて利益調整が行われたと仮定して，会計発生高を非裁量と裁量に区分する例を示した。これに対し**図表3-12**は，ジョーンズ・モデルに基づいて統計的な手法で区分を行った場合の結果を図示したものである。

　ただし，この図表において利益調整部分を意味する裁量的発生高の−25は，あくまで統計的な手法で導かれた推定値であって，決して確定的な金額ではない。これは主として次の2つの理由による。第1に，非裁量的発生高の決定要因として多くの項目が存在するところ，ジョーンズ・モデルでは売上高増加と

図表3-12　推定結果による区分の図示

当　　期　　純　　利　　益　　＋24		
営業活動による キャッシュ・フロー △300	会　計　発　生　高　＋324	
	必然的な差異 **非裁量的発生高**　＋349	意図的な差異 **裁量的発生高**　△25

有形固定資産残高の2項目しか考慮していないこと。第2に，モデルの係数の推定に用いた ABCD 4社の会計数値にもまた，利益調整が含まれていることである。

したがって個々の企業別にみた場合の裁量的発生高の金額は，誤って過大に推定されたり，逆に過少推定になっているおそれが多分にある。しかし調査対象の企業数を増加させて平均値を観察すれば，誤って過大や過少に推定されている部分が相殺しあって，有意義な知見が得られる可能性が高まるものと期待することができる。第1章で IPO 企業について図表1-5および1-6で図示されているデータは，この手法による推定値をグループ別に平均したものである。

●注────────

1　Jones, J.J. (1991). Earnings Management During Import Relief Investigations, *Journal of Accounting Research*, 29(2),193-228.

本書の議論の本筋からは外れるが，この論文の時代背景は，1980年代のアメリカで日本に対する巨額の貿易赤字が計上され，保護貿易を求める世論が高まったことである。これを受けてアメリカ政府は輸入制限や補助金の必要性を判断するために，輸入で悪影響を受けたとされる国内企業の会計利益が，どれほど減少しているのか調査することにした。この論文の着眼点は，輸入制限を強く望む企業が，輸入制限のない自由貿易によって被害を受けたことを証拠づけるために，政府による調査の対象年度において，財務諸表の利益額を意図的に圧縮するための利益調整を行ったのではないかという点である。その分析のためにジョーンズ教授が考案したのがこのモデルである。このモデルの活用により，ジョーンズ教授の論文は予想通り，利益額を減少させるための利益調整が行われたことを示す証拠の提示に成功している。

2　裁量的会計発生高を推定するために，これまでに考案されてきたモデルには，ジョーンズ・モデルを含めて，次の4モデルがある。これらのモデルの意義については，首藤 [2010], 95-98頁で詳述されている。△は対前年変化額，営業 CFO は「営業活動によるキャッシュ・フロー」を表す。

(1)　ジョーンズ・モデル

会計発生高$_j$＝α＋β_1△売上高$_j$＋β_2償却性固定資産$_j$＋ε_j

(2)　修正ジョーンズ・モデル

会計発生高$_j$＝α＋β_1(△売上高$_j$－△売上債権$_j$)＋β_2償却性固定資産$_j$＋ε_j

(3) CFO ジョーンズ・モデル

会計発生高 $_j=\alpha+\beta_1 \triangle$ 売上高 $_j+\beta_2$ 償却性固定資産 $_j+\beta_3 \triangle$ 営業 CFO $_j+\varepsilon_j$

(4) CFO 修正ジョーンズ・モデル

会計発生高 $_j=\alpha+\beta_1(\triangle$ 売上高 $_j-\triangle$ 売上債権 $_j)+\beta_2$ 償却性固定資産 $_j$
$+\beta_3 \triangle$ 営業 CFO $_j+\varepsilon_j$

3　重回帰分析の詳細な結果は次のとおりである。

会計発生高 $=0.3637+1.4816\times$ 売上高増加 $-0.1601\times$ 有形固定資産残高
$(t=2.26)$　(92.8)　　　　　(-5.11)　　　　　$R^2=0.9997$

---- 第**4**章 ----

財務報告の機能と制度

　前章までは，発生主義と現金主義を対比しつつ，利益やキャッシュフローの情報の「作成」をめぐる諸問題について検討した。本章からは，作成された情報の「利用」や，その利用がもたらす効用について考察する。

　こんにち，発生主義会計によって作成された財務諸表の報告制度は，人々が経済生活を円滑に営むために不可欠なインフラストラクチャーである。財務報告は，株式会社制度や証券市場制度など，高度に発達した現代社会の運営に欠かせない多くの経済制度の背後にあって，それらを基盤から支える役割を果たしている。

　そこで本章では，企業の財務報告に期待される機能をめぐる基礎概念を整理したうえで，会社法と金融商品取引法を中心とする日本の制度会計の体系について考察する。

第1節　情報の非対称性

　財務報告の中心をなす財務諸表が，経済的な価値をもった情報であるという理解は，こんにち広く受け入れられている考え方である。どんな情報であれ，それに経済的な価値があるということは，その情報に精通している場合と，情報を持たない場合とでは，経済活動の成果に大きな差が生じることを意味する。同じことであるが，情報に精通した人と情報を持たない人の間の取引では，情

報に精通した人の方が圧倒的に有利である。

　経済取引の当事者全部には情報が行き渡らず，一部の当事者だけに情報が偏在する状況を「**情報の非対称性**（asymmetry of information）」という。情報格差といってもよいが，情報格差は利用可能な情報量の地域差やIT技術の利用能力の世代差を連想させてしまうので，経済学では取引の両当事者の持つ情報が均等すなわち左右対称でないという広い意味で「非対称性」というのである。

　情報の非対称性は，その情報を持たない者に不利な結果をもたらす。その結果は個人的損失にとどまらず，経済社会全体の観点からも望ましくない帰結を引き起こしがちである。財務会計に関していえば，企業ないし企業経営者と，その企業をめぐる利害関係者の間に生じがちな情報の非対称性が問題になる。本章で後述するように，会社法や金融商品取引法が求める財務報告の制度は，そのような情報の非対称性に起因して生じるおそれのある経済的損失の回避を意図したものであると考えることができる。

　情報の非対称性による経済的損失は，情報を持たない者が，情報からの効用を得られないことによって生じる。そのような情報がもたらす効用には，(1)何らかの行動や意思決定を行う前の段階で情報を利用することにより，より良い意思決定を通じて有利な結果が得られるという効用と，(2)所定の行動や取引を行った後で，その結果がどうであったかを知ることから得られる効用がある。

　これらの効用は，所定の行動や意思決定を境にして，情報の利用時点がその前か後かで区分されていることから，前者は「**事前情報**（pre-decision information）」として，また後者は「**事後情報**（post-decision information）」として特徴づけることができる。たとえば直感的な比喩として，大学生の期末試験を考えた場合に，受験しようとする試験科目の模範解答が入手できれば，それは事前情報として大きな価値をもつ。他方，試験後には自分の解答との突合による自己採点を経て単位が取得できたかを確認するのに役立つ点で，その模範解答は事後情報としての価値も有する。

　企業の財務報告の中心をなす財務諸表にも，事前情報としての役割と，事後情報としての役割がある。以下では，事前情報と事後情報を区別しつつ，企業ないし企業経営者と利害関係者の間に生じがちな情報の非対称性，およびこれに起因する経済的損失に焦点を当てる。そしてそのような経済的損失を回避す

図表 4 - 1 の表題:

| 図表 4 - 1 | 情報の非対称性からみた財務会計の機能 |

	事　前　情　報	事　後　情　報
財務会計に期待される機能	情報提供機能 （意思決定支援機能）	利害調整機能 （契約支援機能）
非対称な情報の内容	取引対象の品質に関する情報	取引相手の行動に関する情報
非対称性がもたらす問題	逆選択（通常は良いものが選択されて生き残るが…）	モラルハザード（経営者は自己利益を優先しがちである）
問題の解決策	強制的な情報開示 自主的な開示の許容	インセンティブ(報酬)システム モニタリング（監視）活動 ボンディング（自主規制）活動
財務会計の機能を利用した制度	金融商品取引法の企業内容開示制度	株主総会に先立つ財務報告 配当制限や財務制限条項 確定決算に基づく納税申告 金融機関の自己資本比率規制 取引所への上場規制　ほか

るために，会社法や金融商品取引法が，財務諸表を利用した財務報告を通じて，
財務会計に期待している機能について考察する。

　図表 4 - 1 は，情報の非対称性や事前情報と事後情報などをキーワードとして，日本の制度会計の体系を理解するために，本章で展開する基礎概念を整理したものである。

第 2 節　制度会計の体系

1　事前情報の役割に期待する金融商品取引法

　こんにち最も繁栄した企業形態である株式会社にあって，企業経営者と対置する形でしばしば重要視される利害関係者は，主として株主と債権者である。その理由は，株主と債権者こそが，企業が生存と成長のために必要とする多額

の資金の提供者であることによる。これらの資金提供者は，既存か潜在的かにかかわらず，一括して投資者とよばれるが，投資者にとって財務諸表が伝達する情報は，証券市場を成立させるための事前情報として，重要な役割を担っている。この役割を利用しているのが，金融商品取引法の企業内容開示制度（**ディスクロージャー制度**）である。

　企業から投資者への財務情報の提供が不十分であれば，証券市場が成立しなくなることは，2001年にノーベル経済学賞を受賞したアカロフによる「レモンの市場」と題した論文（G.A. Akerlof, "The Market for 'Lemons' : Quality Uncertainty and the Market Mechanism," *Quarterly Journal of Ecomonics*, August 1970）で証明されている。ここにレモンとは，同じ柑橘類のオレンジと外見的に似てはいても甘くない点で，品質上の欠陥品を意味する。そして取引対象物の品質に関して，取引当事者間に「情報の非対称性」があるとき，それを解消するための積極的な情報提供がなければ，その市場はやがて崩壊してしまうことが，欠陥中古車の例を用いて次のように説明される。

　中古車取引の重要な問題は，一部に欠陥車が含まれており，所有者たる売手は自分の中古車の品質の良否を知っているが，買手は欠陥情報を持たないことである。したがって売手が高品質の中古車を売りに出しても，買手は欠陥車である可能性を疑うから，その危険を織り込んだ安い値段しか提示しない。このため高品質の中古車の持ち主は市場に車を売りに出さなくなり，やがて市場には欠陥車ばかりが出回るから，買手がつかなくなって，その市場は崩壊するのである。

　市場競争では，品質の優れた財やサービスが選好されて生き残るのが通常である。しかし中古車取引では欠陥品が市場で生き残ることになり，通常とは逆の結果が生じていることからから，この現象は「**逆選択**（adverse selection）」とよばれる。これと同じことが，企業が資金調達のために販売する有価証券の発行市場でも生じる可能性がある。

　有価証券は電子記録であるから，外見上はどれが欠陥品であるか，買手には識別できない。したがって売手の企業が買手の投資者に対して，有価証券の品質すなわち発行企業の収益力や安全性について十分な情報を提供しない限り，中古車の場合と同様に，市場が成立しないのである。

　企業の財務情報を投資者に提供することにより，投資者保護を通じて証券市場を成立させるために，財務会計が果たすこの役割は「**情報提供機能**」とよばれる。また財務情報の提供は証券売買に関する投資者の意思決定を促進することから，「**意思決定支援機能**」と名づけることもできる。日本でこの機能を積極的に取り入れているのは，前述のとおり金融商品取引法のディスクロージャー制度である。有価証券の発行市場で所定の資金調達を行う場合に必要とされる有価証券届出書や，上場会社等が流通市場で定期的に公開すべき有価証券報告書では，財務諸表が重要なウェイトを占めている。

　金融商品取引法による財務報告制度に関しては，次の2点を付記しておきたい。第1に，この制度の目的としてしばしば投資者保護が強調されるが，これは弱者保護にとどまるものではなく，究極の目的は証券市場の機能強化にある。この点は第9章第1節で詳細に考察する。第2に，証券投資を行わなくても，また上場会社の利害関係者でなくても，すべての人々がこの制度の恩恵を受けている。たとえば20歳以上の日本国民が納付する公的年金の保険料は，年金積立金としてプールされ，その多くが上場会社の有価証券にも投資され，年金の支給財源として増殖が図られている。財務諸表の公開制度を通じた証券市場の活性化は，年金制度の維持にも不可欠である。

2　事後情報として活用する会社法と法人税法

　金融商品取引法が財務諸表を投資者の意思決定のための事前情報として位置づけるのに対し，会社法は財務諸表が事後情報となって発揮する利害調整機能を活用している。

　株式会社という企業形態の繁栄の源泉は，企業に資金を提供する側のメリットと，必要な資金を調達する企業側のメリットの両面から考えることができる。資金提供者側のメリットは，有望な製品やサービスの生産技術，および企業を経営管理する能力を有しない一般の人々でも，株式購入などの形で企業に資金を提供することにより，企業が獲得した利益の分配に参加できることである。他方，必要な資金を調達する企業側にとって株式会社制度がもつメリットは，資金調達上の有利性であると考えられる。具体的には，(1)会社の所有権を株式として均等に細分割する方法で，多人数からの零細資金を集結する方法により，

巨額の資金を調達できたこと，および(2)出資者の責任が出資額を上限とする有限責任であることが，出資者に安心感をもたらした結果，相対的に容易に資金調達を促進できたことである。

　しかし株主数の増加は所有と経営の分離を引き起こし，経営者が株主の利益よりも自己の利益を優先するかもしれない懸念を，一般株主に抱かせるようになった。また出資者の有限責任制度は，会社財産の過大な分配によって，債権者の権利が害されるかもしれないという懸念を生じさせた。

　もちろん，株主や債権者から資金を受託した経営者は，委託者たる株主や債権者の利益を最優先して企業経営に当たるべき受託責任を負っている。しかし，株主や債権者が経営者の日常業務の遂行状況を十分に知ることができないという意味で，そこには「情報の非対称性」が存在する。この結果，経営者が委託者よりも自己の利益を優先するかもしれないという「**モラルハザード**（道徳的陥穽：moral hazard）」の疑念が生じてくるのである。また債権者にとっては，株主たちが会社財産の過大な分配を行って，会社の財務的基盤を弱体化させるかもしれないという懸念がある。

　そのようなモラルハザードの解消方法として有効と考えられているのは，(1)会社の利益業績を反映して経営者の報酬が決まるような**インセンティブ（報酬）システム**の導入，(2)株主が経営者の行動や利益業績を評価して経営者の人事を決定する**モニタリング（監視）活動**，および(3)剰余金の配当や新規の資金調達を，資本額や財務比率を維持した上での金額に限定する制約をみずからに課すような**ボンディング（自主規制）活動**である。

　これらの解消方法を実践するためのルールは，利害関係者集団との私的な契約に含まれたり，社会的に重要なものは会社法上の公的な規制の対象になっている。たとえば(1)経営者の業績連動報酬の制度はもとより，役員賞与を株主総会の決議を経て決める現行制度も，インセンティブシステムの一例である。また(2)株主総会に先立って送付される計算書類に基づく経営者の業績評価をふまえて，株主が役員人事案に賛否の投票を行う仕組は，典型的なモニタリング活動であるといえる。さらには(3)会社法第461条の配当制限は，債権者に対する経営者の私的なボンディング活動が，その効力を強化するために法的規制に組み込まれた社会的契約であると考えられる。他方，社債発行時に会社が締結する

債務契約では，維持すべき留保利益額の下限や負債比率の上限などが財務制限条項として明示され，違反時には社債の即時償還などが約束されている。

　これらの契約や規制に共通するのは，前もって決められた財務諸表上の所定の数値が組み込まれていて，定期的に公表される財務諸表に基づいて，契約や規制が遵守されたか否かが事後的に確認されていることである。経営者が株主や債権者との間で利害調整のための契約を締結しても，その遵守を事後的に確認できなければ，契約しても無意味である。しかし実績財務諸表の数値によって確認ができれば，私的ないし社会的な契約を通じた利害調整は，大きく促進されるであろう。財務諸表が事後情報として有するこの役割は，契約を有意義なものにすることから「**契約支援機能**」とよばれたり，それによって利害対立の解消に役立つことから「**利害調整機能**」と名づけられている。

　確定決算に基づく税務申告の制度も，財務諸表が有する契約支援機能ないし利害調整機能を活用していると考えてよい。法人税法は，株主総会で確定された当期純利益から，税法上の「別段の定め」による加算や減算を経て課税所得を算定する「**確定決算主義**」を採用することにより，財務会計を組み込んだ徴税制度を構築している。この制度は，課税当局と納税企業の間に存在する「情報の非対称性」に起因して生じるかもしれない脱税というモラルハザードを抑制するために，財務諸表を事後情報として活用していると解釈できる。

　脱税のモラルハザードを抑制するには，課税当局は納税企業をモニタリングしなければならないが，公正妥当な会計基準に準拠して作成された(大会社では公認会計士の監査も受けた)財務諸表の利益額を基礎に課税所得を算定する仕組をとれば，課税当局はモニタリング・コストの大幅な節約が可能になる。またこの仕組には，モラルハザードの発生自体を抑制する効果も期待できる。過度な節税のために財務諸表の当期純利益を極端に圧縮すれば，経営者の業績評価や上場会社の株価形成に悪影響が及ぶおそれがあるからである。

　このほか，国際決済銀行に関する自己資本比率の規制（いわゆる BIS 規制）や，金融商品取引所の上場認可と上場廃止の基準にも，実績財務諸表のデータが活用されているが，これらもまた財務諸表が事後情報として有する契約支援機能ないし利害調整機能を活用したものである。

　この節では，日本の制度会計を構成する代表的な財務報告制度として，会社

法と金融商品取引法が規定する制度があり，それぞれ財務会計の利害調整機能と情報提供機能を活用して，所定の目的の達成が図られている現状について考察した。ただし後述するように，これら2つの制度と機能は，決して並列的かつ対等に位置づけられているのではなく，会計基準の形成などに際しては，情報提供機能に優先的な順位が与えられている。

これを明示するのは概念フレームワークである。そこで次に，会計基準の形成を中心として，概念フレームワークに関連する重要な論点について考察する。

第3節 概念フレームワーク

1 概念フレームワークに基づく会計基準の形成

会社法や金融商品取引法に基づく財務諸表の内容を規定しているのは会計基準である。会計基準は，①企業が適正な財務諸表を作成するために遵守すべきルールを示し，②利害関係者による財務諸表への理解を促進し，③監査人が財務諸表の適正性を判断する拠り所となるなど，財務会計がその機能を十分に発揮するために不可欠な社会的規範となっている。

そのような会計基準を設定するアプローチには，帰納的なアプローチと演繹的なアプローチがある。ここに**帰納的アプローチ**とは，実際に行われている会計処理の諸方法を観察し，その中からベスト・プラクティスと考えられる方法や，よりいっそう一般的であると認められる方法を抽出することによって，会計基準を設定するアプローチである。

日本の企業会計原則は，その前文でも次のように述べられているように，「企業会計の実務の中に慣習として発達したものの中から，一般に公正妥当と認められるところを要約したもの」であるから，帰納的アプローチによって形成された会計基準である。世界の多くの国々の会計基準もまた，従来はこのアプローチによって形成されてきた。

帰納的アプローチによる会計基準は，そこで規定される会計処理が既に実務で広く普及した一般的な方法であるため，遵守されやすいルールであるという

長所を持つ一方で，欠点も多い。

　まず第 1 に，現行実務で一般的な会計処理を抽出するがゆえに，現状是認的なルールが形成されやすく，たとえ現行実務に問題があっても，それを是正するような会計基準は形成されにくい。第 2 に，実務で既に複数の会計処理方法が普及していれば，それらが並列的に是認されがちであり，標準化は困難である。第 3 に，過去に存在しなかった新種の取引や事象に対しては，いまだ会計処理の慣行が成熟していないから，対応できない。

　第 4 に，個々の会計基準の全体的な整合性や首尾一貫性が確保される保証がないことも問題である。実務上の必要に応じて個別的に形成された会計基準は，相互に矛盾を来すおそれがある。とくに，関係者の間で利害対立が存在するようなテーマについて，業界団体からの圧力の介入を，説得力のある論拠を提示して阻止することができなければ，形成された会計基準は整合性や首尾一貫性を失いやすい。

　このような帰納的アプローチの欠点を補うには，個々の会計基準を論理的に体系づけることが不可欠であり，その必要性から生まれてきたのが演繹的アプローチである。ここに**演繹的アプローチ**とは，財務会計の前提となる目的や基礎概念を先に規定し，これと最もうまく首尾一貫するように，個々のテーマごとの会計処理や表示のルールを導き出してくる方法をいう。このアプローチを実践するために，個々の会計基準を設定するための指針ないし枠組み（フレームワーク）として役立てる目的で，世界の主要国で取りまとめられているのが，財務会計の基礎概念を文書化した**概念フレームワーク**である。

　そのような概念フレームワークの文書化に，世界に先駆けて着手したアメリカの財務会計基準審議会（FASB）は，財務報告の目的に関する1978年の概念書第 1 号（FASB [1978]）を皮切りとして，現時点で第 8 号までの文書を公表している。

　国際会計基準審議会（IASB）も，前身組織の国際会計基準委員会（IASC）が1989年に公表した文書（IASB [1989]）を継承したうえで，2010年に改訂を加えたものを「財務諸表の作成及び表示に関するフレームワーク」として公表した。この間に FASB と IASB は2004年～2012年にわたり，概念フレームワークの共通化を目指した共同の見直しプロジェクトを遂行したが，現在では別個に改訂

が進められている。

　この世界的な動向に対応して，日本でも企業会計基準委員会（ASBJ）によって2004年に「**財務会計の概念フレームワーク**」と題する討議資料が公表され，2006年の部分的な改訂を経たものが，現在も有効な文書として継承されている（斎藤[2007]）。日本のこの討議資料は，先行して公表された外国の概念フレームワークを参照して，①財務報告の目的，②会計情報の質的特性，③財務諸表の構成要素，および④財務諸表における認識と測定と題する４つの章から構成され，その内容も外国のそれと多くの点で共通する。

2　財務報告の目的の画定

　日本の概念フレームワークの第１章は，その序文の中で，財務報告の目的について論じている。それによれば，財務報告の主たる目的は，「投資家による企業成果の予測と企業価値の評価に役立つような，企業の財務状況の開示にある」とされ，この目的に基づき「自己の責任で将来を予測し投資の判断をする人々のために，企業の投資のポジションとその成果が開示される」ことが明示されている。

　本章の第１節では，財務会計に期待される機能として，情報提供機能（意思決定支援機能ともよばれる）と利害調整機能（契約支援機能ともよばれる）があることを論じた。このうち概念フレームワークは，**情報提供機能**を財務報告の主要目的として位置づけていることが明らかである。利害調整機能よりも情報提供機能を優先的に位置づけている点で，日本の概念フレームワークは米国基準や国際基準の概念フレームワークと相違はなく，世界の主要な概念フレームワークが会計の目的観を共有できていることは，会計基準の国際的な統合にとって非常に有意義である。

　しかし財務会計に期待されるもう１つの機能として，**利害調整機能**がまったく無視されているわけではない。日本の概念フレームワークでは，「ディスクロージャー制度において開示される会計情報は，企業関係者の間の私的契約等を通じた利害調整にも副次的に利用されている。また，会計情報は不特定多数を対象とするいくつかの関連諸法規や政府等の規制においても副次的に利用されている」（11項）として，利害調整機能への言及が見られる。しかし利害調整

のための利用はあくまで副次的な用途であり，この用途が「会計基準を設定・改廃する際の制約となる」（12項）ことがあっても，情報提供機能と「必ずしも同様の配慮が求められるわけではない」（21項）。

　したがって情報提供機能を促進する会計処理と，利害調整機能に必要な会計処理の間で対立が生じた場合には，利害調整機能を犠牲にしてでも情報提供機能が優先されることになる。その典型的な実例が，企業会計基準第24号「会計方針の開示，会計上の変更及び誤謬の訂正に関する会計基準」が規定する過年度の財務諸表の**遡及処理**に見られる。

　たとえば正当な理由により，従来とは異なる会計処理方法を当期から採用する（すなわち会計方針を変更する）場合，当期の財務諸表と並べて報告される過年度の財務諸表も，当期から新しく採用したのと同じ方法を適用して修正したうえで，提示しなければならない。こうすることにより当期と過年度の財務諸表が直接的に比較可能になり，期間相互の有意義な業績比較を通じて，財務会計の情報提供機能が促進されるよう期待されている。

　しかし遡及修正前の過去に公表済の財務諸表は，その年度の配当制限の遵守の確認に用いられ，また課税所得計算の出発点とされるなど，それに基づいた過去の利害調整の基礎とされてきた。そのような財務諸表を事後的に修正すれば，過年度の利害調整の基盤が揺らぎ，過去に完結したはずの利害調整への疑問が生じかねないことが懸念される。

　そこでこの懸念を除去するため，会社計算規則は，過年度の財務諸表の遡及処理を許容する明示規定を設けている（133条3項）。また企業会計基準委員会の「過年度遡及修正に関する論点の整理」では，「過年度事項の修正は，過去に確定した決算手続とは無関係であり，これによって過去に確定した計算書類が変更されるものではない」との会社法上の解釈が示されている（16項，注3）。

　過年度の財務諸表の遡及処理は，これらの規定と解釈によって可能になっているが，その根底には利害調整機能よりも情報提供機能を優先させる社会的な合意が存在するものと考えられる。

　この章では，もともと財務報告には利害調整機能および情報提供機能という2通りの役割を果たす潜在力が存在すること，また，現在の日本の制度会計のもとでは情報提供機能を優先しつつも，それと矛盾しない範囲で利害調整機能

にも大きな期待が寄せられていることを確認した。この考察に基づき，第5章では株式会社における経営者・株主・債権者の間の利害調整の観点から，発生主義会計の役立ちとそれに対して利益調整が及ぼす影響について分析する。また第6章では，資本市場に対する情報提供機能に焦点を当てて，発生主義会計に基づく財務報告の効用と利益調整の影響について議論する。

—— 第 **5** 章 ——

利害調整機能

　会社法が企業会計や財務報告に期待するのは，財務諸表の情報が経営者・株主・債権者の間の利害調整を促進する機能である。大企業における所有と経営の分離の結果として，株主が経営者に対して抱くかもしれない不信感を解消するために，(1)株主が経営者の利益業績を評価して人事を決定するモニタリング(監視)制度や，(2)企業の利益業績に基づいて経営者報酬を決めるインセンティブ(報酬)システムにおいて，会計数値が活用されている。会計数値はまた，株主の有限責任に対抗して債権者を保護するために，(3)配当制限や財務制限条項をみずからに課すボンディング(自主規制)活動にも組み込まれている。

　株式会社における経営者・株主・債権者に代表されるような，相互に利害が対立する人々の関係を科学的に分析するのが「ゲーム理論」である。本章は，ゲーム理論やその一類型としてのエイジェンシー理論に基づいて，財務会計の利害調整機能を考察したうえで，発生主義会計で企業が意図的に行う利益調整が，利害調整機能に対して及ぼす影響を分析する。

第 1 節　利害対立の帰結

1　囚人のジレンマ

　ゲーム理論とは，合理的な個人どうしの間の利害対立をモデル化して，その

結果を予測する理論である。したがってこの理論は，人々の利害関係を分析するのに適しており，会社法が財務報告に期待する利害調整機能の考察にも役立つと考えられる。

　そのようなゲーム理論の適用として最も有名な「囚人のジレンマ」と名づけられた事例の考察から始める。この事例の要点は，「互いに協力する方が，協力しないよりも良い結果になることがわかっていても，協力しない者が利益を得てしまう状況では，人は互いに協力をしなくなる」という点にある。

　この事例の設定は**図表５-１**のとおりである。共犯関係にある２人の囚人ＡとＢに自白をさせるために，検事が次の条件で司法取引を持ちかけるとする。もし２人とも黙秘し続けたら，証拠不十分による減刑で，２人とも懲役２年となる。ただし，どちらか一方だけが自白したら，先に自白した者は釈放されて懲役０年となるが，自白が遅れた者は懲役10年である。しかし２人とも自白したら，２人とも懲役は５年である，という条件がそれである。

　この条件の下で，結果がどうなるか予測してみよう。２人の囚人ＡとＢは，それぞれが黙秘するか自白するかという２通りの選択肢をもっている。網掛けされている部分が，２人とも黙秘して共に懲役が２年になる場合，および２人とも自白して共に懲役が５年になる場合である。左下の枠は，Ａだけが自白する場合であるが，このときＡの懲役年数は０年，Ｂは10年となる。他方，右上の枠は，Ｂだけが自白する場合であり，このときＡの懲役年数は10年，Ｂは０年である。

　このうちどの結果が生じるか。その答は，次の理由により，右下の網掛けの

図表５-１　囚人のジレンマ

結果 （A，B）		B	
		黙秘	自白
A	黙秘	（２年，２年） パレート最適	（10年，０年）
	自白	（０年，10年）	（５年，５年） ナッシュ均衡

枠である。Aの立場に立つと，Bが黙秘する場合の2年（Aは黙秘）と0年（自白）を比べても，またBが自白する場合の10年（黙秘）と5年（自白）を比べても，どちらも自分は自白する方が有利である。Bの立場に立っても同じことがいえる。このようにしてAにとってもBにとっても，相手が黙秘するか自白するかにかかわらず，自分は自白する方が有利であることがわかる。したがってこの事例では，図表5-1の右下に網掛けした結果になると予想される。

　この結果は，これを考案したアメリカ人の数学者ジョン・ナッシュ教授（John F. Nash）の名前を取って，「ナッシュ均衡」と名づけられている。すなわちナッシュ均衡とは，ゲーム参加者の両方が，他方の参加者の戦略を前提とした場合に，自分が最適な戦略をとっている状態をいう。なおナッシュ教授は，ゲーム理論を経済学に応用した業績が評価されて，1994年にノーベル経済学賞を受賞した。

　さてここで1つ重要な問題が生じる。ナッシュ均衡は，AとBのそれぞれ個人としてのベストな選択がもたらす結果であるが，AとBを総合して考えた社会全体からみれば，これがベストな選択結果ではないのである。AとBを総合した場合に，懲役の年数が最も短くなるのは，図表5-1の左上に網掛けした枠，すなわちAもBも黙秘するケースである。この結果は「パレート最適」と名づけられている。この名前は，スイスのローザンヌ大学で経済学の教授であったヴィルフレド・パレート教授（Vilfredo F.D. Pareto）の名前に由来する。このようにパレート最適とは，図表の左上に網掛けした部分のように，誰も不利益を被ることなく，全体の利益が最大化された状態をいう。言い換えれば，もしそれ以上の利益を出そうとすれば，誰かを犠牲にしなければならない状態のことである。

　この結果を見れば，AとBがとるべき行動は明らかである。2人とも利己的な行動をやめて，互いに協力し合うことによって，ナッシュ均衡からパレート最適へ移行するべきである。そのためには，2人とも黙秘を約束しあうことが不可欠なのである。ただし検事は，そのことをよく知っていて，共犯者同士が結託しないように，別々に取り調べを行うから，2人が黙秘を約束しあうのは極めて困難である。

　しかし私たちの日常生活やビジネスの世界で直面する出来事に関しては，互

いに協力し合うことが十分に可能である。たとえば拘束力のある契約を締結するなどの方法によって，ナッシュ均衡からパレート最適へ移行できる余地が十分にある。そこで，その可能性を考察することが次の課題となるが，それに先立って，会社法で問題となる経営者と株主の利害対立の構造も，囚人のジレンマと同じであることを確認しておこう。

2　エイジェンシー関係

株式会社において株主と経営者は，資金の委託者と受託者の関係にある。株主は，自己の所有する資金の管理と運用を委託する者（principal，主人）であり，経営者は資金の管理・運用の権限委譲を受けて株主の利益のために行動する受託者（agent，代理人）である。委託者と受託者の間のこのような関係を，**エイジェンシー関係**という。

この関係において，経営者は受託者であるから，株主から委託された資金を誠実に管理するだけでなく，株主の最大利益に合致するよう自己の全能力を投入して経営活動を行うべき責任を負うことになる。この責任は一般に**受託責任**とよばれている。

しかし経営者が受託責任を常に誠実に遂行するとは限らないことから，株主との間で利害が対立する可能性がある。そのような主人（株主）と代理人（経営者）との関係は，たとえば**図表5-2**のように示すことができる。そしてこの株主と経営者の関係が，図表5-1の囚人のジレンマの構造と同じであることを，次のようにして確認することができる。

図表5-2　エイジェンシー関係

効　用 【株主・経営者】		経営者（代理人）	
		誠実勤勉	不誠実怠惰
株主 （主人）	雇用する	60，40 パレート最適	20，50
	雇用しない	35，20	35，30 ナッシュ均衡

　図表 5 - 2 の左端には，囚人 A の代わりに，主人となる株主（資本提供者）が置かれており，主人にとっての選択肢は，資本運用の代理人となる特定の人物を経営者として，雇用するか雇用しないかである。他方，図表の上端には囚人 B の代わりに，主人の代理人として働く経営者が置かれている。経営者の選択肢は，誠実勤勉に務めるか，不誠実怠惰に過ごすかである。

　不誠実怠惰という表現はいかにも語感が悪いが，倫理的な問題にとどまらず，その意味するところは広い。たとえば潤沢な資金を保有する企業の経営者が，本来はリスクを負担してでも株主の利益のために有望な新規投資にチャレンジすべきところを，新規の事業投資に伴う心理的な負担や失敗時の保身問題を懸念して，有望な新規投資を見送ってしまうような行動も，これに含まれる。

　このような主人たるプリンシパルと代理人たるエイジェントの関係を，エイジェンシー関係という。主人たる株主の立場からみた懸念事項は，雇用した代理人が，主人の利益を最優先に考えて，誠実勤勉に務めるべきところを，自己利益を優先するあまり，不誠実で怠惰にしか働かない可能性があることである。その懸念が強いと，主人は代理人を雇用しない結果，主人は資本運用ができず，また代理人も働く機会を失って，ナッシュ均衡に陥ることを，図表 5 - 2 の例示で確認しよう。

　主人の手持資金は35であり，代理人を雇用して運用しなければ35のまま不変である。そこで代理人を雇用して運用を任せた場合，代理人が誠実勤勉なら60に増殖するが，不誠実で怠惰なら20に減少するであろう。他方，代理人は雇用されれば報酬によって，効用が20から40へ，また30から50へと，それぞれ20ずつ増加する。しかし，代理人が勤勉誠実に務めようとするとストレスが生じるので，図表では不誠実怠惰に過ごす方の効用が10ずつ大きく設定されている。

　これらの数字を図表に記入したうえで，相手の選択を考慮した場合の，主人と代理人の効用のうち大きい方の数字を太字で示した。主人の観点で考えると，代理人が誠実勤勉なら雇用して60を獲得し，代理人が不誠実怠惰なら雇用せず35の手持ち資金を守るのが賢い選択である。他方，代理人の観点で考えると，雇用が約束されるなら不誠実怠惰に過ごして50の効用を獲得し，雇用されない場合でも不誠実怠惰に過ごす方が効用が大きくなる。2 人とも数字が太字になっているのが右下の枠である。ここがナッシュ均衡であり，2 人の効用の合

計は65となる。しかし、この図表には2人の効用の合計が、最大値の100を示す左上の網掛けをした枠が存在しており、これがパレート最適の状態であることがわかる。

この図表は次のことを意味している。主人と代理人の関係は、放置すればナッシュ均衡に陥ってしまうところを、当事者が相互に協力しあい、資本提供者が代理人を雇用する代わりに、代理人は誠実勤勉に働くことを保証するような、拘束力のある合意（ないし契約）を形成すれば、パレート最適を達成できる可能性があるということである。

それでは、どのような内容の契約を締結すれば、ナッシュ均衡からパレート最適に近づくことができるのだろうか。そのような観点から契約の内容や効果を分析する理論が「**エイジェンシー理論**」である。以下では、そのようなエイジェンシー理論の活用を通じて、報酬契約における財務会計の利害調整機能について考察する。

第2節　雇用契約−株主と経営者の利害調整

1　利害の対立と調整の「見える化」

株主と経営者の間の利害対立と利害調整の効果を「見える化」するための前提事項を、**図表5-3**として提示する。このようにして本書の以下の部分で示す設例は、スコット・オブライエン両教授がその著書『財務会計の理論と実証』（Scott and O'Brien［2012］、太田康広ほか訳［2022］）で提示するモデルのアイデアを継承し、本書の趣旨に沿うように数値を変更して、若干の調整を行ったものである。

株主と経営者の利害調整を説明するために設定されたこのモデルの要点は次の通りである。期首に、株主は経営者を雇用するか否かを決定し、経営者は自分の行動を決定する。経営者の選択肢は、誠実勤勉に働くか、不誠実怠惰に過ごすかである。期末には、あらかじめ締結されていた報酬契約に基づいて、株主から経営者に対して経営者報酬が支給される。

| 図表 5 - 3 | 株主と経営者の利害対立の構造 |

(1)　モデルの設定

・期首に，株主は経営者を雇用するか否かを決定し，経営者は行動（誠実勤勉と不誠実怠惰のいずれか）を決定する。
・期末に，株主から経営者に対して，契約に基づく経営者報酬が支給される。株主に帰属する利益は，会計上の測定利益によって把握されるが，測定利益は真実利益とは相違する。

(2)　株主と経営者の効用

・株主の効用は［**真実利益－経営者報酬**］として算定する。
　　真実利益は，経営者が誠実勤勉なら，確率 0.7で300となり，確率 0.3 で150となるが，経営者が不誠実怠惰なら，真実利益が300となる確率は0.3に低下し，真実利益が150にとどまる確率は，0.7へと上昇する。
・経営者の効用は［**経営者報酬の 2 乗根－働くことの不効用**］として算定する。
　　経営者が誠実勤勉に働くことの不効用は4.0であるのに対し，不誠実怠惰にしか働かない場合の不効用は3.0に軽減される。また，経営者が次善の雇用機会で得る効用は6.0とする。

　経営者の効用に最も大きく影響を及ぼすのは，この経営者報酬である。他方，株主の効用は，企業活動による利益から，経営者報酬を控除した残額によって規定される。

　企業活動による利益を把握するために，期末には財務諸表の作成を通じて会計利益が測定される。これを「測定利益」とよぶことにするが，その金額はずっと先で判明する「真実利益」とは相違する。測定利益と真実利益の区別は，次のような状況を反映したものである。現行の日本の会計基準のもとでは，新製品の研究開発のための支出額は，すべて当期の費用として損益計算書に計上される。しかし企業自身は，その研究開発が数年先にでも実を結んで将来の利益の獲得に貢献することを期待して，当期に支出している。そのような研究開発支出の費用処理を通じて損益計算書で測定されている利益が「**測定利益**」であ

る。これに対して「**真実利益**」は，当期の研究開発支出の効果が後になって現れてきた結果をも含めて事後的に明らかになる利益である。したがって測定利益は当期末に判明するが，真実利益は当期末には確定しておらず，確率的に把握するしかない。いまは測定利益と真実利益の違いを，研究開発支出の会計処理を例にとって説明したが，このような例が会計には無数に存在する。貸倒引当金や有形固定資産の耐用年数など，会計上の見積りとよばれる一連の事項はすべて，測定利益と真実利益が相違する要因となる。

次に，株主と経営者の効用を具体的に計算するために，次のことを仮定する。株主の効用は，[真実利益−経営者報酬]として測定されるものとする。基本的には真実利益が株主に帰属することになるのであるが，経営者を雇用するために報酬が支払われるので，その支払報酬を控除した残額が，株主の効用になる。その真実利益は，経営者が企業活動に投入する努力の水準だけでなく，世界景気の動向をはじめとして多くの要因によって決まる。したがって真実利益が少ない場合でも，そのすべてが経営者の努力不足のせいだとは言えないが，経営者の努力水準もある程度は影響する。

そこで次のことを仮定する。真実利益の金額は，もし経営者が誠実勤勉であれば，確率0.7で300になり，確率0.3で150にとどまるとする。逆に経営者が不誠実怠惰であれば，確率が変化して，真実利益が300となる確率は0.3まで低下してしまい，真実利益が150にとどまる確率は，0.7へと上昇すると仮定する。

次は経営者の効用である。経営者の効用は［経営者報酬の2乗根−働くことの不効用］として測定されるものとする。経営者報酬の2乗根とは，たとえば報酬額が100なら$\sqrt{100}=10$となり，報酬額が50なら$\sqrt{50}=7.07$として計算されるということである。このことの意味は，$\sqrt{x}$のグラフの形を想起すれば，次のように理解できる。報酬額が少ないうちは1単位の報酬増加によって，効用は大きく増加するが，報酬額がある程度まで大きくなると，そこからさらに報酬額が1単位増加しても，それに伴って効用が増加する幅は，だんだん小幅増加になることを意味する。

他方，最高責任者として企業を経営すれば，ストレスによって経営者にはマイナスの効用，すなわち不効用が生じる。その不効用は経営者が不誠実怠惰に過ごしても3.0であり，誠実勤勉に務めれば更に大きな不効用4.0が生じるもの

とする。また有能な経営者は，引く手あまたであるから，株主はある程度の報酬支払いを覚悟しておかなければならない。雇用するか否かの検討対象になっている経営者には，この企業で雇ってもらわなくても，他の企業からも打診がある。そのうちのベストなもの，すなわち次善の雇用機会で得られる効用が6.0であると仮定する。このことはこの経営者を雇用するには，本人の効用が少なくとも6.0になるだけの報酬を支払う必要があることを意味する。

2　固定報酬制度の帰結

　以上の前提条件のもとで，経営者報酬をどのように契約するのが良いかを考えてみよう。まず最初のたたき台となるのが，金額100の固定報酬とするケースである。この報酬契約が，経営者と株主に対していくらの効用をもたらすか，それぞれ計算してみよう。

　最初は経営者の効用である。経営者が勤勉誠実に働くことを選択する場合の効用は，$[\sqrt{100}-4.0]$ すなわち $[10.0-4.0=6.0]$ と算定される。勤勉誠実な勤務は4.0の不効用をもたらすので，4.0が引き算されている。この計算式を見ると，例示の固定給の金額を100に設定した理由が理解できるであろう。固定給が100より低ければ，経営者の効用の計算結果は6.0よりも小さくなって，経営者は他の企業に就職してしまうから，株主はこの人物をわが社の経営者として雇用できないのである。

　次に経営者が不誠実怠惰に過ごすことを選択した場合の，経営者の効用を計算すると，$[\sqrt{100}-3.0=7.0]$ となり，勤勉誠実に働く場合の6.0に比べて，ストレスが少ない分だけ経営者の効用は大きくなる。したがって経営者が自分の効用の大小だけで努力水準を決定するのであれば，経営者は不誠実怠惰を選択するであろう。

　今度は株主の効用を計算する。経営者が誠実勤勉に働いてくれるなら，真実利益が300になる確率が0.7，150になる確率が0.3であるから，固定報酬100を控除した後の，株主の効用は $[0.7(300-100)+0.3(150-100)=140+15=155]$ となり，これがパレート最適の状態である。他方，経営者が不誠実怠惰であれば真実利益が300と150になる確率は逆転し，効用の具体的な金額は，$[0.3(300-100)+0.7(150-100)=60+35=95]$ と算定される。

前述の経営者の効用計算から明らかになったように，固定給100という報酬契約のもとでは，経営者は不誠実怠惰を選択するから，結果的に株主が獲得できる効用は95へと低下する。パレート最適の場合の効用155と比べた時の実際の選択結果がもたらす効用は95であり，60だけ低下している。この効用低下分は，主人と代理人の間のエイジェンシー関係がもたらすコストという意味で，「**エイジェンシー・コスト**」とよばれる。

　このエイジェンシー・コストが，少しでも少ない方が良いことは，いうまでもない。そこで次の問題は，エイジェンシー・コストを抑制するために，株主はどんな報酬契約を提案すればよいかということになる。

3　モニタリングの試み

(1)　直接的モニタリングによる条件付き固定給

　最初に思いつくのは，監視による直接的モニタリングを伴う条件付き固定給である。たとえば，「株主が経営者の行動を監視しておき，経営者が誠実勤勉なら報酬を100支払うが，不誠実怠惰なら50しか支払わない」という報酬契約がそれである。

　このとき経営者の効用は，誠実勤勉に務めれば $[\sqrt{100}-4.0=6.0]$ であるが，不誠実怠惰に過ごせば $[\sqrt{50}-3.0=4.07]$ となるから，経営者は誠実勤勉を選択するはずである。この時の効用は次善の雇用機会の効用である6.0を下回らないので，株主は経営者を雇用することができる。そして経営者が誠実勤勉である場合の株主の効用は，$[0.7(300-100)+0.3(150-100)=155]$ である。これは前述のパレート最適の効用であるから，もしこの報酬契約が実践可能であれば，これが最善の選択肢である。

　しかしこれは実践不可能な選択肢であると考えざるを得ない。経営者が誠実勤勉に働いているか，それとも不誠実怠惰に過ごしているかを監視し続けるには，株主が経営者にいつも張り付いていて，経営者の行動を観察し続けなければならない。それが現実には不可能なことはいうまでもない。

(2)　間接的モニタリングによる条件付き固定給

　経営者の働きぶりの直接的な監視が不可能なら，達成された利益額から経営

者の働きぶりを判断することにしてはどうか。たとえば,「株主が経営者の行動を真実利益から推測し,経営者が誠実勤勉なら報酬を100支払うが,不誠実怠惰なら50しか支払わない」という報酬契約がそれである。この方式は,利益による間接的モニタリングを伴う条件付き固定給の制度とよばれる。

　かつて多くの日本企業が実践していた役員賞与の制度の基礎には,この考え方が存在していたものと思われる。その期の利益が少ないため,株主に十分な配当を実施できなかった年度には,その責任の一端が経営者にもあると考えて,経営者が役員賞与の支給のための利益処分案を株主総会に提示するのを自粛する慣行がそれである。

　この報酬契約のもとでは,利益を観察して,そこから経営者の努力水準を推測することになるので,それが可能なように図表5-3の設定を1か所だけ次のように変更する。すなわち,経営者が不誠実怠惰な場合の真実利益を,前述の150から130へと変更する。こうすることにより,150の利益が観察されたら経営者は勤勉誠実であったと判断し,130の利益しか観察できなければ,経営者は不誠実怠惰に過ごしたと判断されることになる。

　この場合の効用は次のように試算される。経営者の効用は,誠実勤勉に務めるときは $[\sqrt{100}-4.0=6.0]$ である。しかし,不誠実怠惰に過ごした場合は,真実利益が300となって100の報酬を得る確率が0.3であり,真実利益が150となって50の報酬しか得られない確率が0.7であるから,その加重平均から努力の不効用3.0を控除して,経営者の報酬は $[0.3\times\sqrt{100}+0.7\times\sqrt{50}-3.0=3.00+4.95-3.00=4.95]$ へと低下する。したがって経営者は誠実勤勉を選択するはずであり,次善の雇用機会の効用である6.0を下回らないので,株主は経営者を雇用することができる。他方,経営者が誠実勤勉である場合の株主の効用は,$[0.7(300-100)+0.3(150-100)=155]$ と算定されるから,パレート最適に等しい最大の効用が維持されている。

　したがってこの報酬契約は,一見したところ非常に有望であるように見える。しかし,このような間接的モニタリングもまた,主として次の理由により,現実には実践不可能であると考えざるを得ない。この設例では,利益が150なら経営者は誠実勤勉であるが,利益が130なら不誠実怠惰であったと推測されることになっているが,この推測には説得力が乏しい。利益が減少しても,それがす

べて経営者の努力不足によるものではないからである。またどの水準の利益金額によって誠実勤勉と不誠実怠惰の線引きをするかも問題になる。この結果，測定利益を基礎とする間接的モニタリングによる条件付き固定給制度の採用について，株主と経営者の間で合意が成立するのは困難であると思われる。

このようにして直接的にも間接的にも，経営者のモニタリングを伴う報酬制度が功を奏さないとすれば，他にエージェンシー・コストを抑制できるような契約は存在しないのであろうか。

4　業績連動報酬制度の効用

その答えが，業績連動報酬の制度である。たとえば，企業が達成した利益の所定割合を経営者報酬とするという内容の契約がそれである。業績連動報酬の基礎となる利益は，将来にならないと判明しない真実利益ではなく，1期間ごとに財務会計で把握される測定利益が，現実にも採用されている。

測定利益はできるだけ真実利益に近似するように努力して計算されるが，ここでは測定誤差が上下20％ずつ生じると仮定する。すなわち，真実利益が300のとき，測定利益は50％の確率で360として計測され，残り50％の確率で240として計測されると仮定する。また真実利益が150のとき，測定利益は50％の確率で180として把握され，50％の確率で120として把握されるものとする。

このような業績連動報酬で最も重要なポイントは，経営者は測定利益の何％を報酬で受取れるなら，誠実勤勉に行動するかという点である。この設例の場合，その答は0.405であるが，このことは次のようにして確認することができる。

誠実勤勉：$0.7 \times [0.5\sqrt{360 \times 0.405} + 0.5\sqrt{240 \times 0.405}]$
$\qquad + 0.3 \times [0.5\sqrt{180 \times 0.405} + 0.5\sqrt{120 \times 0.405}] - 4.0 = 6.00$
不誠実怠惰：$0.3 \times [0.5\sqrt{360 \times 0.405} + 0.5\sqrt{240 \times 0.405}]$
$\qquad + 0.7 \times [0.5\sqrt{180 \times 0.405} + 0.5\sqrt{120 \times 0.405}] - 3.0 = 5.72$

経営者が誠実勤勉に働くと，真実利益が300になる確率は0.7であるが，このとき測定利益は50％ずつの確率で360と240として計測される。そこで報酬割合0.405をこの測定利益に乗じて計算を行う。他方，経営者が不誠実怠惰なため真

実利益が150になる場合についても，測定利益の180と120について同様に計算する。その結果，誠実勤勉な経営者の効用は6.0となって，次善の雇用機会を下回ることはない。他方，経営者が不誠実怠惰に過ごす場合も同様に計算すると，この場合の経営者の効用は5.72にしかならない。したがって経営者は誠実勤勉を選択する方が有利である。

　次に，経営者が誠実勤勉な場合の株主の効用は，次のように算定される。

$$0.7 \times [\,0.5(300-360\times0.405)+0.5(300-240\times0.405)\,]$$
$$+0.3 \times [\,0.5(150-180\times0.405)+0.5(150-120\times0.405)\,]=151.73$$

　真実利益が300になる確率は0.7であるが，経営者には測定利益に基づいて50％ずつの確率で［360×0.405］と［240×0.405］の報酬が支払われる。他方，真実利益が150になる確率は0.3であるが，経営者には測定利益に基づいて50％ずつの確率で［180×0.405］と［120×0.405］の報酬が支払われる。この結果，株主の効用が151.73まで増加するので，エイジェンシー・コストは［155－151.73＝3.27］まで減少することになる。

　これは，経営者報酬を固定報酬とする場合のエイジェンシー・コストである60.00と比べて，はるかに小さくなっている。近年のビジネス界では，経営者の報酬契約として業績連動報酬の制度が普及しているが，その基礎にはこのような合理性が存在するものと思われる。

第 3 節　債務契約－債権者保護

1　債権者をめぐる利害対立

　株式会社では，出資者たる株主が出資額を上限とする有限責任しか負わない制度が採用されていることに起因して，会社に融資を行う債権者をめぐって，もう1つの利害対立関係が潜在的に存在する。会社財産の分配に関して，株主と債権者との間で生じる利害対立がそれである。債権者が会社に融資を行う場合に，会社の財産の分配に関して何の制限もなければ，融資された資金までも

が株主に分配されてしまい，債権者が損失を被る可能性が高まるので，株主と債権者の利害は潜在的に対立している。

　株式会社には，株主と債権者のほかに，経営者もプレイヤーとして存在し，前節では株主と経営者の利害対立関係について考察した。しかし，これに債権者を追加して，経営者・株主・債権者という３つの集団の相互関係を同時並行的に分析することは困難である。そこで以下では，所有と経営が分離していない段階の会社を想定し，債権者をめぐる利害関係について考察する。この段階の企業では，経営者と株主の間に利害対立がないと考えられるので，両者を一括して企業として把握し，「他人資本提供者としての債権者 vs 企業」という構造の利害対立とその調整が分析されることになる。このとき債権者と企業の利害対立の構造は，**図表 5 - 4** のように整理することができるであろう。

　この利害対立関係の下で，債権者がとりうる選択肢は，事業資金を必要とする所定企業に対して融資を行うか否かであり，企業への融資を行わなかった場合の保有資金は，銀行預金や国債投資などに充当される。他方，会社は融資を受けた資金で事業活動を行い，借入利子率を上回る利益を獲得して，元利合計を債権者に返済するのが常道である。しかし何の分配制限もなければ，会社は財産の分配に関して抑制的または促進的のいずれの選択も可能であり，最悪の状況では借入資金までもが分配されて，倒産に至る事態もありうる。

　その危険を考慮して債権者が融資を行わなければ，この利害対立がナッシュ均衡に陥ることは，図表 5 - 4 が示すとおりである。これをパレート最適な結果へと変化させるには，会社財産の分配を制限する規制を導入することにより，債権者が安心して融資を行うことを選択できるようにしなければならない。この利害調整で重要な役割を果たすのは，会社財産の社外流出を抑制する効果を

図表 5 - 4　**債権者と企業の利害対立の構造**

		経営者＋株主（代理人）	
		分配の抑制	分配の促進
債権者 （主人）	融資する	パレート最適	
	融資しない		ナッシュ均衡

もつ債務契約である。これには，①会社法461条の配当制限と，②金融機関から
の借入や無担保社債の発行に際して，企業と債権者の間で締結する契約に含ま
れる財務制限条項がある。①が法律による社会全体の契約であるのに対し，②
は当事者間の自由契約であり，これらの契約が効果を発揮して，ナッシュ均衡
からパレート最適へと関係者を導く効果をもつことが期待される。

　その効果の源泉となる財産分配を制限する厳格度は，①よりも②の方がより
いっそう強いのが通常である。そこで次に，会社法の配当制限よりも更に厳し
い財務制限条項を含む債務契約が交わされる理由と効果について考察する。

2　財務制限条項の効果

　債権者をめぐる利害の対立と調整の効果を「見える化」するための前提事項
は，図表 5 - 5 に提示したとおりである。

　債権者は，保有資金100を企業に利率 6 ％で融資するか，それとも利率 2 ％の
国債で運用するかを選択しようとしている。国債への投資は無リスクと考えて
よいが，企業への融資については倒産確率を無視することはできず，企業が分
配抑制的なら倒産確率は 1 ％にとどまるが，分配促進的なら倒産確率は10％ま
で高まると仮定する。分配を抑制させる効果をもつような財務制限条項が存在
しない場合，債権者は，企業が分配抑制的か分配促進的かの確率を50％ずつと
みているとする。

　この条件のもとで，債権者が融資を行うか否かは，融資と国債からの利子の

図表 5 - 5　債権者をめぐる利害対立の構造

モデルの設定

・債権者は，保有資金100を企業に利率 6 ％で融資するか否かを選択する。融資し
　なかった場合，保有資金は利率 2 ％の国債に投資される。

・この選択を左右する重要変数は企業の倒産確率であり，企業が分配抑制的なら
　倒産確率は 1 ％と低いが，分配促進的なら倒産確率は10％まで高まる。

・財務制限条項が存在しない状況では，債権者は，企業が分配抑制的か分配促進
　的かの確率をそれぞれ50％ずつとみている。

大小に依存する。財務制限条項がない場合，企業には分配を抑制する動機がないので，分配抑制と分配促進の確率を0.5ずつとし，企業が倒産しなければ債権者は＋6の利子を獲得するのに対し，倒産すれば元本を失って−100の損失を被ることを前提に，融資から得られる利子の額は次のように算定される。

$$0.5[6 \times 0.99 + (-100 \times 0.01)] + 0.5[6 \times 0.9 + (-100 \times 0.1)]$$
$$= 0.5[5.94 - 1.00] + 0.5[5.40 - 10.00] = 2.47 - 2.30 = 0.17$$

この金額は保有資金で国債を購入した場合の利子の額2.0よりも小さいので，債権者は企業に融資を行わず，したがって企業は資金調達ができなくなり，ゲーム理論のいうナッシュ均衡に陥ることがわかる。

では融資の利子率を何％にすれば，債権者はこの企業に融資を行うだろうか。その利子率をR％として，上記の計算式で6となっている個所をRに置き換えれば，融資からの利子収入が国債の利子2.0と等しくなるための利子率を，次のように計算することができる。

$$国債利子2.0 = 0.5[R \times 0.99 + (-100 \times 0.01)] + 0.5[R \times 0.9 + (-100 \times 0.1)]$$
$$= 0.5[0.99R - 1.00] + 0.5[0.9R - 10.00]$$
$$= 0.495R - 0.5 + 0.45R - 5$$
$$0.945R = 7.5 より \quad R = 7.94\%$$

他方，財務制限条項を含む債務契約が存在するため，企業が必ず分配抑制的な行動をとり，分配促進的な行動の確率がゼロになると債権者が確信するとき，債権者の利子収入の期待値は次のように変化する。

$$1.0[6 \times 0.99 + (-100 \times 0.01)] + 0.0[6 \times 0.9 + (-100 \times 0.1)]$$
$$= 5.94 - 1.00 = 4.94$$

この利子収入4.94％は国債投資の2.0％より大きいから，債権者は企業への融資を選択するにちがいない。この結果，財務制限条項がなければ8％近くの利子支払いが必要であったのに対し，財務制限条項の導入により企業は6％の利子負担で融資を受けることが可能になる。そのような債務契約を締結することによって，ナッシュ均衡に陥ることなく，パレート最適の状態を達成できるの

である。

　そしてこのことが，財務制限条項を含む債務契約が経済的な合理性をもつことの根拠であると考えてよい。そのような財務制限条項は，たとえば経常利益が 2 期連続して赤字にならないというように，損益計算書の数値に基づくものや，企業の資金調達源泉に占める自己資本の割合が10％を下回らないというように，貸借対照表の数値に基づくものなど，いくつかの代表的なパターンがある。どのような財務制限条項を組み込むかは，債務契約ごとに当事者間の合意によって決められており，前もって定められた条件よりも財務内容が悪化すれば，借入金の即時返済や社債の即時償還が求められる。このため財務制限条項が存在する企業は，配当のような会社財産の分配に関して抑制的な行動を取るように動機づけられ，このことが企業の倒産を抑制するので，債権者の期待効用が増加するのである。

　その一方で，財務制限条項がもたらす制約は，企業が利益調整を行う動機となる。事業活動における企業努力や，配当の抑制などによって，財務制限条項をクリアできるうちは問題ないが，これらの手段で財務制限条項がクリアできなくなってくると，企業は会計的な手段を活用して報告利益を捻出する方向での利益調整を試みるであろう。

3　会計操作の影響

　企業によるそのような利益調整は，債権者をめぐる利害関係にどのような影響を及ぼすのだろうか。最も単純に考えうる 1 つの結果は，会計操作を通じたそのような利益捻出によって，債権者が行う企業の倒産確率の予想が誤導されることである。図表 5 - 5 の仮設例では，「企業が分配抑制的なら倒産確率は 1 ％と低いが，分配促進的なら倒産確率は10％まで高まる」ことが仮定されている。この確率予想が，利益調整後の財務諸表に基づくものであるとすれば，利益調整が行われていない場合の財務諸表に基づいて形成される倒産確率の予想は，もっと厳しいものになっていたであろう。たとえば「企業が分配抑制的なら倒産確率は 4 ％と低いが，分配促進的なら倒産確率は20％まで高まる」というような予想である。

　このとき，財務制限条項を含む債務契約の存在により，企業が必ず分配抑制

的な行動をとり，分配促進的な行動の確率がゼロになると債権者が確信したとしても，債権者の利子収入は次のように変化する。

1.0[6×0.96＋(−100×0.04)]＋0.0[6×0.8＋(−100×0.2)]
＝5.76−4.00＝1.76

この利子収入は，国債投資の2.0％より低いから，この状況であれば債権者は企業への融資ではなく，国債への投資を選択したはずである。それにもかかわらず企業が行った利益捻出によって，倒産確率の予想が誤導されたがゆえに，債権者は企業の潜在的な倒産リスクを認知しないまま，企業への融資を選択することになっている。会計操作がなければ債権者保護のために有効に機能するはずであった財務制限条項の価値が，これによって損なわれているといわざるをえない。

　企業による会計操作は，株主と経営者の利害調整にも悪影響を及ぼしそうである。他方，これとは逆に，発生主義会計としてのベストプラクティスが実践される結果として，利益が企業の業績をよりいっそう的確に描写できるようになれば，利害調整に好影響がもたらされるのだろうか。

第4節　利益の品質が利害調整に及ぼす影響

1　測定利益の品質

　経営者と株主の利害調整を促進する業績連動報酬制度や，債権者保護を促進する財務制限条項において，関連する契約に組み込まれる利益数値は，発生主義会計の財務諸表に表示される「測定利益」である。この測定利益は，継続中の事業活動の成果を人為的に区切って期間計算した，いわば暫定的な測定値であるから，事後的に判明する「真実利益」を，ある程度の誤差を伴って測定していると考えることができる。

　たとえば業績連動報酬制度がエイジェンシー・コストに及ぼす影響を分析した第2節4のモデルでは，測定利益は，真実利益に対して上下20％ずつの誤差

を伴って計測されることが仮定されている。この測定利益と真実利益を対比すると，測定利益に含まれる誤差が小さいほど，その測定利益は情報としての品質が高いと考えることができる。

　この節では，そのような測定利益の品質に関して次の3通りの変化が生じた場合に，第2節で試算したエイジェンシー・コストがどう変化するかを分析することによって，利益情報の品質が株主と経営者の利害調整に及ぼす影響について考える。

　第1は，測定利益の精度の向上である。前述の設例では，測定利益に含まれる誤差が，真実利益に対して±20％とされているが，もし誤差の幅を半分の±10％にまで狭めて改善できれば，どんな効用が得られるだろうか。

　第2は，粉飾決算の弊害である。測定利益がいくらであろうと，また会計基準に違反してでも，経営者が望む利益額を損益計算書に計上して報告するのが粉飾決算である。この利益額を「報告利益」とよぶことにする。粉飾決算は，エイジェンシー・コストにどう影響するだろうか。

　第3に，利益調整の影響について考察する。粉飾決算が会計基準違反であるのに対し，利益調整は会計基準の許容範囲内で報告利益を意図的に変化させる行為であるが，たとえば，報告利益に含まれる上乗せ額を，測定利益に対して＋5というような狭い範囲に制約することができるとき，利害調整にはどのような影響が生じるのだろうか。

　以下ではこれらの論点を順に取り上げて，具体的な数値で分析を行う。

2　測定利益の精度の向上

　最初は，測定利益の精度の向上がもたらす効用である。前掲の設定では，**図表5‐6**が示すように，測定利益には，真実利益の±20％に相当する誤差が含まれていることが仮定されていた。

　いま，この測定利益がよりいっそう的確に算定され，誤差率を±10％にまで縮小できるようになったとする。図表5‐6で，太字で示した数字がそれである。すなわち，真実利益が300のとき，測定利益は50％の確率で330となり，残り50％の確率で270になる。また真実利益が150のときは，測定利益が50％の確率で165になり，残り50％の確率で135となる。

| 図表 5 - 6 | 測定利益の精度の向上 |

真実利益は，経営者が誠実勤勉なら確率0.7で300，確率0.3で150
　　　　　　不誠実怠惰なら確率0.3で300，確率0.7で150
真実利益が300のとき，測定利益は50％の確率で~~360~~，50％の確率で~~240~~
　　　　　　　　　　　　　　　　　　　330　　　　　　　　　　　270
　　150のとき，測定利益は50％の確率で~~180~~，50％の確率で~~120~~
　　　　　　　　　　　　　　　　　　　165　　　　　　　　　　　135

　このとき株主が経営者を雇用するのに必要とされる経営者報酬の負担率は，どう変化するか。また株主自身の効用はどうか。**図表 5 - 7** に，誤差率が±20％の場合と，±10％の場合を比較する形で，この計算過程を示した。

　測定利益の誤差率が±20％の場合に，経営者の効用が次善の雇用機会と同じ6.0になるようにするために，株主が経営者に対して支払わなければならない報酬負担率は，①の計算式が示すように0.405である。②式は，同じ方法で，誤差率が±10％の場合の報酬負担率を算定している。太字の数字が，誤差率の縮小によって変化した測定利益である。誤差率が±20％から±10％へと改善されるに伴い，360は330へ置き換えられ，240は270へ置き換えられており，同様にして180は165へ，また120は135へ置き換えられている。②式の計算結果が，6.0と

| 図表 5 - 7 | 測定利益の精度向上の影響 |

経営者	誤差 ±20％	① $0.7 \times [0.5\sqrt{360 \times 0.405} + 0.5\sqrt{240 \times 0.405}]$ $+0.3 \times [0.5\sqrt{180 \times 0.405} + 0.5\sqrt{120 \times 0.405}] - 4.0 = 6.00$
	誤差 ±10％	② $0.7 \times [0.5\sqrt{330 \times 0.402} + 0.5\sqrt{270 \times 0.402}]$ $+0.3 \times [0.5\sqrt{165 \times 0.402} + 0.5\sqrt{135 \times 0.402}] - 4.0 = 6.00$
株主	誤差 ±20％	③ $0.7 \times [0.5(300 - 360 \times 0.405) + 0.5(300 - 240 \times 0.405)]$ $+0.3 \times [0.5(150 - 180 \times 0.405) + 0.5(150 - 120 \times 0.405)]$ $= 151.73$
	誤差 ±10％	④ $0.7 \times [0.5(300 - 330 \times 0.402) + 0.5(300 - 270 \times 0.402)]$ $+0.3 \times [0.5(150 - 165 \times 0.402) + 0.5(150 - 135 \times 0.402)]$ $= 152.49$

なるように逆算した報酬負担率は0.402である。誤差率が±20％の場合と比べて，報酬負担率は0.405から0.402へと，僅かに小さくなった。

　次に，株主の効用を比較する。③式が示す通り，測定利益の誤差率が±20％の場合に勤勉に働く経営者の雇用に必要な報酬負担率である0.405を用いて算定すると，株主の効用は151.73である。他方，④式は，測定利益の誤差率が±10％の場合に経営者の雇用に必要な報酬負担率である0.402を前提として，同じ方法で計算した株主の効用が152.49となることを示している。この場合のエイジェンシー・コストは［155－152.49＝2.51］である。

　誤差率が±20％の場合と比べると，株主の効用が0.76だけ大きくなった結果，エイジェンシー・コストも同じ0.76だけ，少なくて済んでいる。測定利益の精度の向上は，このような望ましい効用をもたらすことがわかる。それでは，このような効用を達成するために，どうすれば測定利益の精度を向上させることができるのだろうか。

　これには，一国の会計基準のレベルでの対応策と，企業レベルでの対応策がある。一国の会計基準のレベルで最も重要なことは，会計基準の開発に際して，真実利益に対する近似の度合いが最も高い状態の測定利益を計測することができるようになるような会計基準の設定を強く意識すべきことである。日本の会計基準については，企業会計基準委員会がこの役割を担っている。

　次に，個々の企業レベルでの対応策に関して重要な論点は，財務会計の利益測定に際して，(1)会計方針の選択と変更，および(2)会計上の見積りという少なくとも２つの分野で，その判断が経営者に委ねられていることである。これらの判断が経営者に委ねられている理由については，すでに第３章第５節で考察した。

　現行の会計制度は，これら２つの分野で多くの情報を有して的確な判断を行う能力が高いのは経営者自身であるがゆえに，その判断を経営者に委ねており，経営者がそれに応えて会計上の判断を行うとき，最も適正に表示された財務諸表が報告されると期待しているのである。したがって企業が財務諸表の適正表示を最優先の目的として，経営者がこれらの判断を行えば，測定利益の精度が向上すると考えられる。

　しかしこれとは逆に，パレート最適に逆行するような形で，経営者が保身な

どの個人的利益のために，会計上の判断を行使するおそれも多分にある。その最も極端な形態が粉飾決算である。

3 粉飾決算の弊害

そこで次に粉飾決算が，株主と経営者の利害調整にどのような悪影響をもたらすか，今までの設例を延長して「見える化」を試みたのが，**図表 5 - 8** の試算である。

これまでの分析では，真実利益と測定利益を区別してきたが，ここで「報告利益」という第 3 の利益概念を導入する。報告利益は，経営者が損益計算書に

図表 5 - 8 粉飾決算の影響の試算

(1) **報告利益に基づく業績連動報酬**

・報告利益の所定割合を経営者報酬とする。
　報告利益は，［測定利益±粉飾決算や利益調整］

(2) **真実利益・測定利益・報告利益の関係**

・真実利益は，経営者が誠実勤勉なら確率0.7で300，確率0.3で150
　　　　　　　　　不誠実怠惰なら確率0.3で300，確率0.7で150
・真実利益が300のとき，測定利益は50％の確率で360，50％の確率で240
　　　　　　　150のとき，測定利益は50％の確率で180，50％の確率で120
・**報告利益は常に360**（粉飾決算により虚偽表示される）

(3) **経営者と株主の効用**

・経営者は不誠実怠惰を選択している。次善の雇用機会の効用6.0を確保するための利益分配率は0.225である。このとき経営者の効用は，

$$0.7 \times [0.5\sqrt{360 \times 0.225} + 0.5\sqrt{360 \times 0.225}]$$
$$+ 0.3 \times [0.5\sqrt{360 \times 0.225} + 0.5\sqrt{360 \times 0.225}] - 3.0 = 6.00$$

・株主の効用

$$0.3 \times [0.5(300 - 360 \times 0.225) + 0.5(300 - 360 \times 0.225)]$$
$$+ 0.7 \times [0.5(150 - 360 \times 0.225) + 0.5(150 - 360 \times 0.225)] = 114.00$$

エイジェンシー・コスト：155－114＝41.00

表示して報告する利益のことであり，粉飾決算や利益調整がなければ，測定利益に一致する。別の言い方をすれば，企業が財務諸表の適正表示を最優先にして算定した測定利益に対して，会計基準違反の粉飾決算や，会計基準の許容範囲内で行われた利益調整を加味して，経営者が損益計算書に表示するのが報告利益である。

　図表 5-8 の設例における真実利益と測定利益に関する仮定は，これまでと同じである。他方，報告利益は粉飾決算によって，常に360として損益計算書で虚偽表示されるものとする。虚偽表示された報告利益に，所定の比率を乗じた金額が，経営者報酬として支給される。したがって，経営者が誠実勤勉でも不誠実怠惰でも，経営者報酬額は変わらないので，経営者は不誠実怠惰を選択するであろう。あるいは粉飾決算の行為自体が，不誠実怠惰に相当すると考えてもよい。

　その時の経営者の効用が図表 5-8 で試算されている。この効用の数値が6.0を下回らないようにするには，経営者報酬の比率は報告利益に対して少なくとも0.225でなければならないことが分かる。他方，経営者が不誠実怠惰であることを前提として株主の効用を算定するには，報告利益が常に360であることから，これに分配率の0.225を乗じた金額を，経営者報酬として減算すればよい。その結果，株主の効用は114と算定され，したがってエイジェンシー・コストは，155から114を控除して41となる。粉飾決算を基礎としない正当な業績連動報酬の場合のエイジェンシー・コストは3.27であったから，粉飾決算によって株主に非常に大きな損失がもたらされたことが分かる。エイジェンシー・コストがこれだけ大きければ，多額の監査報酬を負担してでも公認会計士に計算書類の監査を委嘱することが十分に正当化されるであろう。

4　利益調整の影響

　ただし公認会計士による監査によって，経営者の粉飾決算を予防ないし摘発できたとしても，会計基準の許容範囲内で経営者が行う利益調整を，完全に撲滅することは容易ではない。しかし公認会計士が品質水準の高い監査を実施すれば，利益調整の幅を狭い範囲に抑え込める可能性がある。

　そこで次に，経営者が報告利益を損益計算書に計上する際に，正当な測定利

図表 5 - 9　利益調整の制限の効用

(1)　報告利益に基づく業績連動報酬

・報告利益の所定割合を経営者報酬とする。
　報告利益は，［測定利益＋利益調整（調整可能額は＋5に制限されている）］

(2)　真実利益・測定利益・報告利益の関係

・真実利益は，　経営者が誠実勤勉なら確率0.7で300，確率0.3で150
　　　　　　　　　　　不誠実怠惰なら確率0.3で300，確率0.7で150
・真実利益が300のとき，測定利益は50%の確率で360，50%の確率で240
　　　　　　　　　　　報告利益は　　〃　　　365,　　　〃　　　245
　　　　　　150のとき，測定利益は50%の確率で180，50%の確率で120
　　　　　　　　　　　報告利益は　　〃　　　185,　　　〃　　　125

(3)　経営者と株主の効用

・経営者に勤勉誠実を選択させ，次善の雇用機会の効用 6.0 を確保するための利益分配率は0.396である。このとき経営者の効用は，

$$0.7\times[0.5\sqrt{365\times0.396}+0.5\sqrt{245\times0.396}]$$
$$+0.3\times[0.5\sqrt{185\times0.396}+0.5\sqrt{125\times0.396}]-4.0=6.00$$

・株主の効用

$$0.7\times[0.5(300-365\times0.396)+0.5(300-245\times0.396)]$$
$$+0.3\times[0.5(150-185\times0.396)+0.5(150-125\times0.396)]=152.04$$

エイジェンシー・コスト：155－152.04＝2.96

益に対して意図的な調整を加えることが可能な金額が，公認会計士監査のおかげで＋5という小さな金額に制限されているケースを考える。この制限がもたらす効用を試算したのが，**図表5 - 9**である。

　図表5 - 9が示す設例の特徴は，経営者が利益調整できる金額が制限され，［報告利益＝測定利益＋5］とされていることである。たとえば，真実利益が300のとき50%の確率で生じる測定利益360に対して，報告利益は365であり，残り50%の確率で生じる測定利益240に対して，報告利益は245とされている。真実利益が150の場合の測定利益180は報告利益では185とされ，120の測定利益は125の報

告利益となる。

　株主が誠実勤勉に働く経営者を雇用するために必要な報酬の負担率を把握するために，経営者の効用が6.0を下回らないための利益分配率として試算した数値は，0.396である。このときの株主の効用の計算も，図表5-9で次のように算定されている。経営者が誠実勤勉であれば，真実利益が300となる確率が0.7になるのに対し，真実利益が150にとどまる確率は0.3である。真実利益が300のとき，測定利益は半々の確率で360か240であるが，それぞれ利益調整額の5を加算した報告利益365と245に利益分配率0.396を乗じた経営者報酬額が控除されている。真実利益が150のときも同様にして計算すると，株主の効用は152.04と算定される。したがって経営者による利益調整を狭い範囲に制限できているこの設例のエイジェンシー・コストは，155－152.04＝2.96となり，図表5-8の粉飾決算の場合のエイジェンシー・コスト41.00と比べて非常に小さくなることが分かる。

　利益調整は，(1)会計方針の選択や変更，および(2)会計上の見積りの偏向を，その手段として利用して行われることが多いと推測される。なぜならば，架空売上の計上や負債の簿外処理のような明白な会計基準違反が経営者に罪悪感をもたらすのに対し，会計方針の選択や変更，および会計上の見積りを利用した利益調整は，会計基準の許容範囲内の行為として正当化されやすいからである。しかし利益調整と粉飾決算の間を明確に区別する線は存在せず，実際には地続きのグラデーションの状態になっているといわざるをえない。

　この設例のエイジェンシー・コストが非常に小さな金額にとどまっているのは，まさに利益調整の程度を狭い範囲に制限できているお陰である。会計基準の許容範囲内で行われる利益調整は，経営者にとって罪悪感が少ない分だけ，その金額が膨らみがちである。これに対抗して利益調整の幅を，できるだけ狭い範囲に制限するには，公認会計士による監査が高い品質水準で実施される必要がある。そのためには，それに見合った監査報酬の支払が不可欠になる。利益調整を狭い範囲に制限できた場合のエイジェンシー・コストの削減幅を見れば，高額の監査報酬を支払ってでも高品質の監査を受けることが，最終的には株主の利益につながるものと思われる。

第 6 章

情報提供機能

　前章で考察した「利害調整機能」と並んで，企業会計や財務報告に期待されるもう1つの役割は「情報提供機能」である。とくに金融商品取引法は，資本市場での公正な価格形成を通じて，家計の貯蓄資金が収益性の高い企業へより多く配分されることになるような資本市場の実現をめざして，財務会計の情報提供機能を重視している。また日本の「財務会計の概念フレームワーク」は，財務報告の主たる目的が，投資者による企業成果の予測と企業価値の評価に役立つような企業情報の開示にあるとして，利害調整機能よりも情報提供機能を優先的に位置づけている。本章は，証券の価格形成や資本市場の機能に関する理論に基づいて，財務会計の情報提供機能について考察する。

第1節　投資意思決定有用性

1　投資意思決定有用性とは何か

　財務諸表が投資者の意思決定に有用な情報を提供すべきであるという目的規定は，ディスクロージャー制度の整備とともに台頭してきたが，当初のうちは投資意思決定有用性の概念が明確に定義されることはなかった。せいぜい，証券売買や融資の意思決定を行うには，まず対象企業の現状を知る必要があり，その必要性を満たす最も包括的な情報として，財務諸表を中心とする会計情報

が役に立つという程度の，きわめて常識的な説明しか行われていなかったのである。

　投資意思決定有用性の概念を明確に定義できなかった原因は，投資者の意思決定の構造や市場での証券価格の決定メカニズムに関する知識が欠如していたことにある。しかし近年，財務論の領域で形成されたポートフォリオ理論や，これを継承して発展させた資本市場の理論は，個々の証券の市場価格が決定されるメカニズムを説明しようとしてきた。

　財務諸表が備えるべき投資意思決定有用性の概念の明確化も，これらの研究の進展の影響を受けたものである。そこで最初に，これらの理論の論点を要約しつつ，投資意思決定有用性の意味内容を明らかにする。

2　資本資産評価モデル

　1990年のノーベル経済学賞は，企業財務や証券投資および証券価格の形成に関する理論の開発を評価して，マーコウィッツ（H.M. Markowitz），シャープ（W. F. Sharpe），およびミラー（M.H. Miller）という 3 人の研究者に授与された。マーコウィッツは，投資者が保有する全資金を単独の銘柄だけに集中投資するのは不利であり，これを十分な数の銘柄に分散して投資する方が，個々の銘柄がもつリスクの多くを相殺によって低下させることができるから，相対的に有利であることを明らかにした。投資者が分散投資の結果として保有する銘柄の組合せをポートフォリオといい，マーコウィッツが確立した分散投資の理論は**ポートフォリオ理論**とよばれている。

　この理論を受け継いだシャープは，すべての投資者がポートフォリオ理論に従って証券投資を行った結果，証券市場が均衡状態に達している場合に，個々の証券の価格がどのように形成されているかを説明するモデルを導いた。証券市場が均衡状態に達している場合というのは，ある価格を前提としたときに，その証券をもっと買いたい人や売りたい人がもはや存在しないという意味で，需要と供給が一致した状態をいう。

　このモデルは**資本資産評価モデル**（CAPM : Capital Asset Pricing Model）とか資本資産価格形成モデルとよばれている。その要点は，高いリスクをもつ証券に投資するほど，よりいっそう高い投資収益率を獲得することができるとい

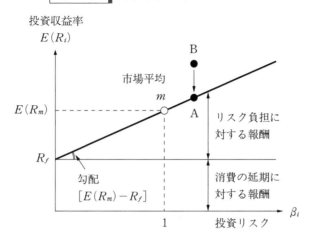

図表 6 - 1　資本資産評価モデルの図示

う，いわゆる「ハイリスク・ハイリターン」の関係が成立するような形で，現在の証券価格が決定されていることを明らかにした点である。資本資産評価モデルは次式で表される[1]。これを図示したのが**図表 6 - 1**である。

$$E(R_i) = R_f + \beta_i [E(R_m) - R_f] \qquad ただし \quad \beta_i = \frac{\mathrm{cov}(R_i,\ R_m)}{\mathrm{var}(R_m)}$$

このモデル式に含まれる種々の記号の意味は次のとおりである。まず R_i は個々の銘柄の**投資収益率**である。たとえばある株式を現時点 0 において価格 P_0 で購入し，これを将来の時点 1 において価格 P_1 で売却するとともに，保有期間中に配当 D_1 が得られるとき，この株式の投資収益率 R は $[R = (D_1 + P_1 - P_0) \div P_0]$ として計算される。たとえば現在の株価 P_0 が1,000円であり，将来の株価 P_1 が1,050円で配当金が10円であれば，投資収益率 R は 6 ％ $[=(10 + 1,050 - 1,000) \div 1,000 = 0.06]$ である。ただし，将来の配当 D_1 と株価 P_1 は現時点で特定することができないから，投資収益率 R は予想確率で加重した期待値として計算されるという意味で，期待値を表す記号 $E(\cdot)$ を用いて表記されている。

同様にして，$E(R_m)$ は市場の全銘柄の株式を購入した場合の投資収益率の期待値である。この値は，東証株価指数や日経平均株価指数など市場全体の動向を示す株価指数を用いて，企業別の株式からの投資収益率と同様に計算される。

たとえば現在の株価指数が10,000であり, 将来の株価指数(配当調整後)が10,400であれば, 市場全体の投資収益率 R_m は 4 ％ [＝(10,400－10,000)÷10,000＝0.04] である。

また R_f は, 国債などのように利子の不払いや貸倒れが生じないため, 資金投下の時点で将来の投資収益率に不確実性がないという意味での「無リスク証券」から生じる投資収益率である。実践的にも, R_f の値としては国債の利回りを考えておけばよい。

そして最後の β_i が, 銘柄 i の投資リスクの大きさを表す尺度である。β の値(**ベータ値**という)は企業ごとに異なるが, その大きさの具体的な測定や予測の方法については後述する。

図表 6 - 1 は, この投資リスクの大きさ (β) を横軸にとり, 縦軸に将来の投資収益率の期待値 $E(R_i)$ をリターンとして示すことにより, 資本資産評価モデルを右上がりの太い直線で描写している。この右上がりの直線は, 証券市場線と名づけられており, 横軸を右へ移動するほど(リスクが高くなるほど), 縦軸上の値も大きくなる (リターンが大きくなる) という関係を示している。この図表が示すとおり, 資本資産評価モデルは, 証券市場の均衡状態において, ある証券 i の投資収益率の期待値 $E(R_i)$ が, ①無リスク証券の利子率 R_f と, ②市場全体のリスクプレミアム $[E(R_m)－R_f]$ に, 当該証券のリスク量 β_i を乗じた値との合計に等しくなるように形成されることを意味している。

そもそも証券投資とは, さもなければ消費に充当できた資金を, 消費ではなく貯蓄してこれを証券の取得に充当することにより, 消費を将来時点まで延期する行為である。したがって投資者は, 投下資金を回収するまでの期間にわたって消費を延期しなければならない。この「時間待ち」に対する報酬が, **無リスク利子率** (R_f) である。証券投資はまた, 将来の価格や配当が不確実な対象へ資金を投下することで, リスクを負担する行為でもある。そのような「リスク負担」に対する報酬こそが, 資本資産評価モデルで $\beta_i [E(R_m)－R_f]$ として表される**リスク・プレミアム**の部分である。その大きさは, 証券市場全体の平均的なリスクの負担に対する報酬を表す $[E(R_m)－R_f]$ に, 証券 i がもつリスク量 β_i を乗じて計算される。

この β_i こそが, 各証券のリスクの大きさを表す尺度である。もし $[\beta_i＝1]$ で

あれば，その証券のリスクは市場に上場されている全証券のリスクの平均と等しく，$[\beta_i=2]$ であれば，その証券のリスク量は市場平均の２倍である。

　株式や社債の購入または資金の融資などの方法で，企業に資金を提供した人々は，その資金提供に対して上述のような２種類の報酬，すなわち時間待ちに対する報酬と，リスク負担に対する報酬を要求する。したがってこれらの合計値が，企業にとっては，提供を受けた資本のコストとなる。

3　誤って価格形成された証券

　資本資産評価モデルが表すリスクとリターン（投資収益率）の関係は，あくまで市場が均衡に達した場合に成立するものであり，現実の市場では常に何らかの不均衡が存在しているものと思われる。すなわち証券のなかには，図表6-1の点Bで示されたように，証券市場線から外れて位置づけられるものが存在するであろう。しかし重要なことは，そのような証券に対して，常に証券市場線の上へ戻そうとする力が作用することである。

　たとえば点Bで示される株式は，現在の株価が過度に低くなっているため（いわゆる**割安株**），将来期間での値上がりによって超過的な投資収益率が得られる証券である。投資者は先を争ってそのような株式を購入するから，現在の株価が上昇する結果，将来に期待される投資収益率が低下して，点Aの水準にまで戻って均衡に到達するであろう。リスク負担に見合う以上の超過収益を得ようとする投資者は，このような証券を発見して購入すればよい。逆に，証券市場線よりも下に位置づけられる株式は，現在価格が過度に高くなっている**割高株**である。したがって投資者は，信用取引制度を利用してそのような銘柄を売却したうえで，価格低下を待つことにより，超過的な投資収益率を得ることができる。

　なお，実際に獲得された投資収益率のうち，リスク負担に見合う正常な投資収益率を上回る部分は，しばしば「**超過リターン**」とよばれている。たとえば正常な投資収益率が６％である銘柄について，実際に10％の投資収益率が達成されたとしたら，４％部分が超過リターンである。本書の以下の部分では，この意味で超過リターンという用語がしばしば用いられる。

　誤って割安または割高に価格形成されている証券を見つけ出すことにより，

超過リターンを達成しようとする試みは，市場と戦って勝利をおさめようとするものであるから，「攻撃的投資戦略」とか「**積極的投資戦略**」と名づけることができる。証券投資の業界では，この戦略で行う投資資金の運用スタイルを「**アクティブ運用**」とよんでいる。この投資戦略の前提となる割安株や割高株の発見は，それぞれの投資者が適切と考える「企業価値評価モデル」に基づいて，あるべき理論株価を算定し，これを実際の株価と対比して行う。理論株価は英語でintrinsic valueと表現され，株式の真正価値とか本源的価値など，さまざまに翻訳されている。したがって積極的投資戦略をとろうとする投資者にとって，会計情報の重要な用途は，理論株価を算出するための企業価値評価モデルへの投入データとして利用することである。

いま，このような積極的投資戦略をうまく成功させる能力をもつ投資者を「有能者」と名づけて，その他の「一般投資者」と区別しよう。このように分類すると，さまざまな投資者の中には，自分が一般投資者に過ぎないのに，有能者であると自己過信して己惚れている人々が少なからず存在すると思われる。

そのような自己過信や己惚れは，次のような損失をもたらす可能性が高い。第1に，積極的投資戦略では，割安や割高の程度が大きい銘柄に集中投資を行うことになるが，それによって分散投資のメリットが喪失されてしまう。第2に，ハイリスク・ハイリターンの関係を前提とすれば，ハイリターンの獲得にはハイリスクの負担が不可欠である。したがって，積極的投資戦略によって高いリターンを追求すれば，自覚がないまま無意識のうちに高いリスクを負担してしまうことになりかねない。また第3に，割安や割高の銘柄を次々と見つけて頻繁に売買を繰返すと，多額の取引コストを負担してしまうおそれもある。このことからも容易に理解できるように，一般投資者が「自分は有能者だ」と誤認して積極的投資戦略をとった場合の損失は，決して少なくない。

有能者としての要件を満たさない一般投資者に対しては，「**消極的投資戦略**」が推奨される。これは，超過リターンの獲得をあきらめ，自分が負担するリスク量に見合う正常な投資収益率の獲得で満足する戦略であり，市場に勝たなくてもよいが負けないようにするという意味で，「防衛的投資戦略」であるとも言える。また証券投資の業界で，この運用スタイルは，**パッシブ運用**ともよばれる。

　消極的投資戦略を採用しようとする人々にとって，会計情報の重要な用途は，自己が負担するリスク量に見合う銘柄を探すために行う，証券発行企業の投資リスクの評価である。そのような投資リスクは，基本的に当該企業の事業内容によって規定されるほか，費用構造に占める固定費の割合や損益分岐点，および資金調達構造に占める有利子負債の割合などの影響を受けるであろう。したがって財務諸表から算定される各種の財務比率が，投資リスクの評価に役立つ可能性がある。

4　投資戦略からみた会計情報の有用性

　この節の冒頭では，会計情報の投資意思決定有用性について，従来は投資の前提となる企業の財務業績に関する情報を把握するには財務諸表が有効という程度の常識的な説明しか行われていなかったことを指摘した。これに対し，近年に開発された資本資産評価モデルに基づいて，割安株・割高株の概念が明確化されたことにより，会計情報が具備すべき**投資意思決定有用性**の意味内容を具体的に定義することが可能になった。

　図表6-2は，投資者に対して推奨される投資戦略との関係において，会計情報が具備すべき投資意思決定有用性の意味内容を整理したものである。資本資

図表6-2　投資戦略と会計情報の用途

投資者のタイプ	推奨される投資戦略	会計情報の有用性
有能者 　割安株・割高株を発見する能力が高い投資者	正常値を上回る超過的な投資収益率の獲得をめざした**積極的（攻撃的）投資戦略**【アクティブ運用】	誤って割安・割高に価格形成された銘柄の発見のために，実際株価と対比すべき理論株価の算定を目的とした**企業価値評価モデルへの投入データ**としての役立ち
一般投資者 　上記以外の投資者	負担するリスク量に見合う正常な投資収益率の獲得で満足する**消極的（防衛的）投資戦略**【パッシブ運用】	自己が負担するリスク量に見合う銘柄を発見するために行う，証券発行企業の**投資リスクの評価**への役立ち

産評価モデルによって指定される株式等の均衡価格からみて，割安株または割高株である銘柄を発見する能力の有無により，投資者は，①割安株・割高株の発見能力が高い有能者と，②それ以外の一般投資者に大別される。

このうち有能者に対しては，超過リターンの獲得をめざして行う**積極的（攻撃的）投資戦略**が推奨されるが，この戦略に際して会計情報が発揮しうる有用性は，誤って割安・割高に価格形成された銘柄の発見のために，実際株価と対比すべき理論株価の算定を目的とした**企業価値評価モデルへの投入データ**としての役立ちである。

他方，割安株や割高株の発見能力を有しない一般投資者に推奨されるのは，負担する投資リスクの量に見合う正常な投資収益率の獲得で満足する**消極的（防衛的）投資戦略**である。この戦略では，自己が負担しようとするリスクの量に見合う銘柄を発見するために，証券発行企業の**投資リスクの評価**を行う場合に，会計情報が役立つ必要がある。

これらの意味で，現行の発生主義会計の財務諸表の情報が，投資意思決定有用性を有するか否かは，実証分析を通じて調査されてきた。そこで次節以下では，投資意思決定有用性の意味内容別に，実証分析の趣旨と結果を概観する。企業による意図的な利益調整が，ノイズとなって情報の有用性を阻害したり，投資意思決定を誤導してはいないか，気にかかるところである。

第2節　利益業績の変化と株価動向

1　ROE の動向と株価の変化方向

財務諸表の情報に期待される投資意思決定有用性の第1は，誤って過大または過少に価格形成されている証券について，将来期間でそれが矯正されるときに価格が変化する方向と程度を予測するのに役立つことである。この意味で財務諸表が有用性を具備するためには，ROE のような財務諸表から得られる情報と株価変化の間に，連動関係が存在していなければならない。そのような関係があれば，投資者は財務諸表の情報を指標として，株価の動向を予測できるこ

とになる。このため多くの実証研究は，財務諸表に現れた企業業績の動向と株価変化の間に連動関係が存在するか否かを調査してきた[2]。

　財務諸表によって伝達される情報は多様であるが，株主の観点から財務諸表を分析する場合の最も重要な財務指標を 1 つだけ挙げるとすれば，連結上のROE をおいて他にはないであろう。したがってこの財務指標が，株価変化の方向と程度を予測するのに役立つという意味で，投資意思決定有用性を有するためには，ROE と株価動向の間に明白な対応関係が存在しなければならない。たとえば，当期の ROE が前期に比べて向上した企業は，株価も市場平均を上回る率で上昇し，逆に ROE が前期より悪化した企業は，株価も市場平均を下回って悪化しているという関係がそれである。

　図表 6 - 3 は，東京証券取引所の上場企業について，このような関係が現実に観察されるか否かを調査した結果である。この調査では，サンプル企業のそれぞれが決算発表を行った月を月次 0 とし，各銘柄の毎月の株価変化率から市場全体の株価指数の変化率を控除した残りが，グループ別に平均のうえ累計されている。図表に示された調査結果から次の事実がわかる。

図表 6 - 3　ROE と株価動向の関係

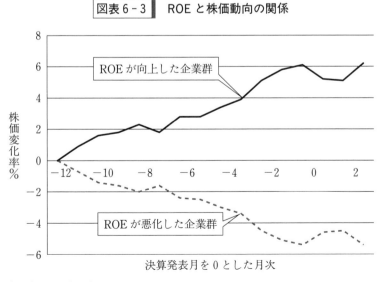

決算発表月を 0 とした月次

（出典）　桜井（1992），103頁。

第1に，ROE が向上した企業グループは株価が市場平均を超えて上昇し，逆に ROE が悪化した企業グループは株価も相対的に低下している。その株価変化率は決算発表までの1年間の累計でみて6パーセントにも及ぶ。したがって連結財務諸表から導出される ROE の動向は，株価変化と同じ方向で関連性を有しており，ROE は株価変化の方向を判断するうえで，有用な業績尺度であるといえる。

　しかし第2の発見事項として，このような株価変化の大部分が，決算発表よりも前に生じている点に注意を要する。このことは，決算発表された情報を利用して算定した当期 ROE を指標として，その時点で売買戦略を開始しても，それ以後の期間では ROE の動向と整合した超過収益はほとんど得られないことを意味する。このような事態が生じた理由は次のように推測される。投資者たちが企業の業績動向を事前にある程度正しく予測して行動するため，それがいち早く株価に織り込まれているという推測である。

　ただし，投資者の予測がどの程度まで正確であり，実績情報が発表された後に超過収益が得られる可能性がどの程度少ないのかは，このような1か月単位の株価動向を集計した分析では明らかにならない。この論点を検討するには，株価動向を日次で追跡するなど，よりいっそう詳細な調査が必要とされる。そのような調査の結果は，次節で紹介する。

2　ROE の変化幅と株価変化率

　連結財務諸表から導出される ROE が投資意思決定有用性をもつためには，ROE の変化と株価動向の間に符号の対応関係が存在するのみならず，その相対的な大きさについても，相関関係が存在することが望ましい。すなわち ROE の改善度合いが大きいほど，株価上昇率も高いという関係がそれである。

　この関係が現実に存在するか否かを調査するには，**図表6-4**のように，ROE の対前年変化幅を横軸にとり，株価変化率を縦軸にとって，企業のデータを黒丸で示していけばよい。この作業を実施した結果が，図表6-4の左側の状態であれば，ROE の変化幅と株価変化率の間に何ら明白な関係は存在しないから，両者は無関係であると判断される。

　しかし，もし図表6-4の右側のような結果が得られた場合には，ROE の改善

図表 6 - 4　ROE 変化幅と株価変化率の関係図

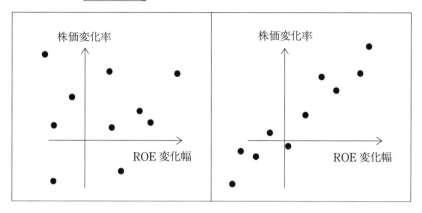

幅が大きいほど株価上昇率も大きいと判断することができる。このような関係が存在するか否かを正式に判定するには，図に示されたすべての点に最も近い直線を描いて，その直線が右上がりになっているかどうかを調査すればよい。この調査は最小二乗法という手法を用いて行われるが，東京証券取引所の上場企業をサンプルとして，ROE の変化幅の大きい順に同数の銘柄ずつを組み合わせて100個のポートフォリオを作成し，ポートフォリオ別の平均的な株価変化率（ただし市場全体の平均値との差を集計した値）のデータに対して，最小二乗法で推定した関係は次式のとおりであった（桜井・石川［1997］，33頁）。

$$株価変化率 = 0.0479\% + 0.3535 \times ROE 変化幅\% \qquad n = 100$$
$$(t = 7.54) \qquad\qquad R^2 = 0.361$$

　導出された直線式の勾配は0.3535というプラスの値をとっているから，直線式は右上がりの図で示される。カッコ内の数値（$t = 7.54$）は t 値とよばれ，調査のサンプルを変えても勾配係数がプラスであると考えてよいか否かを判断するための指標として用いられる。通常，t 値は2.0を超えとき，勾配係数は確かにプラスであると判定してよいから，このケースでは直線は明らかに右上がりであると判断される。

　このことから，ROE の変化幅が大きいほど株価変化率も大きいという関係が

肯定される。具体的には，たとえば当期の ROE が前期に比べて 5 ％上昇したとすれば，決算発表までの 1 年間の株価変化率は，同じ時期の市場平均値より約 1.8％（＝0.0479％＋0.3535× 5 ％＝1.8％）大きくなる。したがって投資者は，ROE の対前年の変化幅が大きい銘柄を購入するほど，より一層大きな投資収益率が得られるという形で，ROE という収益性の尺度を銘柄選択に利用できるのである。このようにして会計上の情報項目が，株価形成に対して有する統計的に有意な関係を，会計情報の**価値関連性**（value relevance）という。

第 3 節　決算発表に対する市場反応

1　出来高反応と株価反応

　前節での分析により，連結 ROE のような会計上の業績指標が大きく向上した企業ほど，株価上昇率も高いことが明らかになった。ただし，そのような株価変化の大部分は，実績情報の公表日までに生じていることも判明した。

　このことから次の興味深い疑問が生じる。財務諸表によって伝達される利益業績の情報は，その発表以前にどの程度まで完全に予測されて株価に織り込まれているかという問題がそれである。もし実績利益情報の中に，事前には予測しきれなかった部分が残っていれば，それがサプライズとなって投資者が新たな株式売買を引き起こす結果，実績利益情報の報道時点で出来高（売買された株式数）が大きく増加するとともに，顕著な株価反応（大幅な株価変化）が生じるはずである。

　決算発表日とその前後の日々の出来高の相対的な大きさを調査した結果は，**図表 6 - 5** が示すとおりであった。この調査は，実績利益が報告された決算発表の日を日次ゼロとして，その前後の日々における出来高の相対的な大きさを 1 日単位で集計したものである。予想どおり，決算発表日（日次ゼロ）とその翌日の新聞報道日には，この情報に反応して出来高が著しく増加していることがわかる。

　他方，決算発表の報道に対する株価反応に関する調査の結果は，**図表 6 - 6** の

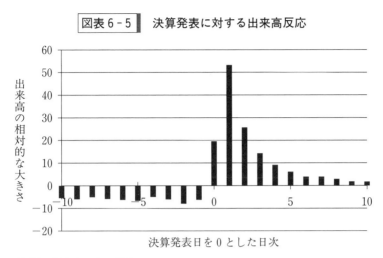

図表6−5　決算発表に対する出来高反応

（出典）　音川（2009），102頁。

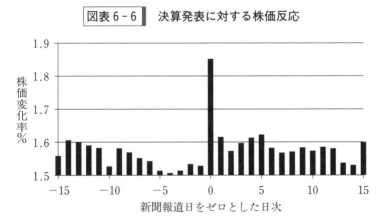

図表6−6　決算発表に対する株価反応

（出典）　後藤（1997），125頁。

とおりであった。この結果によれば，実績利益が新聞で報道された日（日次ゼロ）には，顕著な株価反応が生じていることがわかる。また図表には示されていないが，株価変化の調査対象日数を拡大して1年間の毎日を調査したところ，決算発表の新聞報道がなされた当日の株価反応が，1日当たりの株価変化率としては，1年のうちでも最大であることが検出されている[3]。

これらの出来高反応と株価反応の証拠によれば，投資者たちが実績利益額を事前に非常にうまく予測して，これが株価に織り込まれているとしても，その予測は決して完全ではなく，決算発表された実績利益の中には，事前に予測しきれていないサプライズの部分も相当あったといえる。したがって，発表された実績利益に基づいて迅速に投資戦略を展開すれば，実績利益が決算発表され新聞報道されてからの極めて短期間ではあるが，迅速に対応した投資者には，市場平均を上回る投資収益率を獲得するチャンスが残されていると考えられる。

2　効率的市場仮説と有能者の要件

図表6‐5や図表6‐6の証拠が示すように，公表された情報を価格が迅速かつ的確に反映するような市場は，情報処理に関して効率的な市場であるといわれる。そして現実の市場が，そのような意味で完全に効率的な市場であると考える見解は，「効率的市場仮説」とよばれている。

もしこの仮説が主張する通り，現実の株式市場が効率的市場であれば，公表済みの財務諸表を分析しても，誤って価格形成された証券を発見することは不可能である。現実の株式市場が効率的市場であるか否かについては，種々の見解が存在しており，本書の考え方は次章で提示する。それら種々の見解のうち，こんにち最も広く支持されている現実的な見解は，有能な証券アナリストが財務諸表分析のために時間や費用を投下して割安株や割高株を探索するのを正当化する程度の小さな非効率性は存在するが，概して株式市場の効率性は非常に高いという考え方である。

この見解に基づいて，第2節と第3節で提示した証拠を再検討すると，図表6‐2で分類された投資者が「有能者」であるためには，次の2通りの要件のうち，いずれかを満たさなければならないことがわかる。

その1つは，会計利益のような企業業績を指標として株式投資で成功するには，投資者は発表前に利益を上手に予測する能力を持たなければならない。図表6‐3が示すように，企業の利益業績とその企業の株価動向の間には，連動関係が観察されるが，その利益業績の情報の大部分は発表よりも前に織り込まれているからである。

しかし図表6‐5や6‐6が示すように，市場による実績利益の事前予測は完

壁ではなく，サプライズも残されていて，これに対して決算発表時点で最終的な調整が市場で生じている。したがってこれを利用して株式投資で成功するいま1つの方法は，決算発表データに基づいて他人よりも迅速に株式売買を開始することである。

第4節　不確実性リスクの評価

1　投資リスクの意味と尺度

公表情報を利用した即座の証券売買や将来利益の優れた予測ができない一般投資者が，消極的投資戦略を採用する場合に必要となるのは，個々の証券銘柄が有する投資リスク水準の評価である。投資リスクの評価はまた，次節で言及する割引現在価値に基づく企業価値評価において，割引率として用いるべき資本コストの推定にも不可欠である。したがってこれらの目的で財務諸表の情報が役立つためには，証券投資のリスク尺度と，財務諸表から導出される会計上のリスク指標の間に，明白な関連性が存在していなければならない。

ここで確認しておかなければならないのはリスクの概念である。ここでいう証券投資のリスクとは，利子・配当や証券価格自体が将来においてさまざまな値になる可能性をもっていて，どの値になるかを事前に確定しえない状態を意味する。この意味で投資リスクを定義する場合，証券の銘柄ごとのリスクの大きさは，まず，将来において予想される投資収益率のバラツキの程度によって測定することができる。その代表的な尺度は，**投資収益率の標準偏差**またはそれを2乗した分散という統計尺度である。

しかし前述のポートフォリオ理論が教えるとおり，保有資金の全部を単独の銘柄に集中投資するのは不利であり，投資者は多くの銘柄に分散投資したポートフォリオを形成する必要がある。したがって個々の証券の投資リスクもまた，その証券を単独で考えるのではなく，ポートフォリオとの関係において測定されなければならない。この意味での投資リスクを表す代表的な尺度は，資本資産評価モデルの**ベータ値**である。

2 会計上のリスク指標との関連性

　将来の投資収益率が不確実である背後には，投資対象とされた企業自体の将来の業績が不確実であるという事実が存在する。将来の企業業績を予測して証券投資に役立てようとしても，企業の将来の利益がさまざまな値になる可能性があって，事前の予測が外れてしまうのである。それでは企業の将来利益にバラツキをもたらす要因は何であり，それを把握するのに適した財務指標は何か。

　企業の利益業績に山や谷を生じさせ，将来の予測を不確実にする要因として考えられるのは，次の3つの企業特性である。そのうち最も基本的な要因は，景気変動に伴う売上高の変動であるが，その程度は企業が営む事業内容によって異なる。たとえば生活必需品の生産企業の売上高が景気変動から受ける影響は小さいが，設備投資材を生産する企業の売上高は，景気変動から大きな影響を受けるであろう。このような「**売上高の変動性**」は，過去の期間の売上高の時系列データから分散や標準偏差を算定することによって把握できる。

　このような売上高の変動の影響を更に拡大し，利益をよりいっそう大きく変動させる要因が2つある。1つは，売上高から控除される売上原価と販売費及び一般管理費の構造であり，これらの営業費用の固定費部分が大きいと，売上高が大きく減少しても費用は少ししか減少しないため，営業利益が大きく落ち込むのである。このようにして営業利益の段階での企業業績の変動性の程度は，変動費および固定費という費用構造によって影響を受ける。

　この企業特性を把握するのに適した指標は，損益分岐点比率から導出される「**営業レバレッジ**」である。損益分岐点比率は，損益分岐点の売上高が，現在の実際の売上高に対して，どの程度の割合にまで高まってきて差し迫っているかを表している。そして他の条件が同じであれば，固定費額が大きいほど，また変動費率が高いほど，損益分岐点比率が高くなるため，売上高のわずかな減少が，営業利益の大きな減少をもたらす。売上高の変動率が，営業利益の段階で更に高い変動率となって現れてくる，その倍率が営業レバレッジである。営業レバレッジは，［1÷（1－損益分岐点比率）］として算定される。

　売上高の変動の影響を拡大して，利益を更に大きく変動させるもう1つの要因は，自己資本と他人資本という資本構成である。他人資本は支払利息を生じ

るが，利息の金額は前もって固定されており，企業の営業利益が低下しても支
払利息は減少しない。したがって不況期には利益を大きく圧迫し，好況期には
利払後の利益を増進させて，当期純利益の変動幅を拡大するのである。この企
業特性を把握するための財務指標には，負債比率（＝他人資本÷自己資本）や，
自己資本比率の逆数としての**財務レバレッジ**（＝総資本÷自己資本）がある。

　このようにして財務諸表から得られる会計上のリスク指標としては，①売上
高の変動性，②営業レバレッジ，および③財務レバレッジを考えることができ
る。他方，投資リスクの尺度となるのは，投資収益率の標準偏差または資本資
産評価モデルのベータ値である。したがって財務報告が投資リスクの評価に役
立つためには，会計上のリスク指標と投資リスクの尺度の間に，理論が示唆す
る通りのプラスの相関関係が実際に存在していなければならない。

　図表6-7は，東京証券取引所に上場する日本企業について，これらの変数間
の相関関係を調査した結果である。

　図表6-7の棒グラフは，東証一部上場の3月決算企業について，売上高の変
動性，営業レバレッジ，財務レバレッジという会計上のリスク指標のそれぞれ
について，その数値が小さいものから大きいものまで企業数が均等になるよう
に，10個のグループに分類したうえで，各グループに属する企業のベータ値の
平均を表している。棒グラフは完全には単調増加にはなっていないが，大まか

図表6-7　会計リスク指標と投資リスク尺度の関係

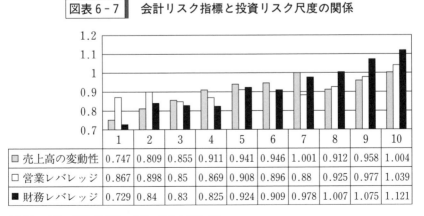

	1	2	3	4	5	6	7	8	9	10
□ 売上高の変動性	0.747	0.809	0.855	0.911	0.941	0.946	1.001	0.912	0.958	1.004
□ 営業レバレッジ	0.867	0.898	0.85	0.869	0.908	0.896	0.88	0.925	0.977	1.039
■ 財務レバレッジ	0.729	0.84	0.83	0.825	0.924	0.909	0.978	1.007	1.075	1.121

（出典）　小野・桜井（2015），8頁の表6をグラフ化。

にみて左ほど低く右ほど高いという，右上がりの傾向があることが分かる。すなわち会計上の3つのリスク指標とベータ値の間には，現実にも相関関係が存在することを観察できる[4]。したがってこの結果は，会計上のこれら3つのリスク指標が，不確実性リスクの評価にも有用であることを証拠づけている。

第5節　企業価値評価モデル

1　会計情報を活用する各種の評価モデル

　公表情報を利用した即座の証券売買や将来利益の優れた予測を行うことにより，割安株や割高株の発見を通じて超過的な投資収益の獲得を目指す投資者が，会計情報に対して期待する役割は，実際株価と対比すべき理論株価の算定を目的とした企業価値評価モデルへの投入データとしての役立ちである。この意味における会計情報の投資意思決定有用性の検討に不可欠なのは，会計数値を投入データとして活用する各種の企業価値評価モデルの理念と特徴に関する考察である。

　そこで本節では，これまでに学界や実務界で開発され提案されてきた代表的な企業価値評価モデルをとりあげ，各モデルの特徴や優劣について考察する。そのようなモデルは，乗数モデルと割引現在価値モデルに大別される。

　乗数モデルは，1株当たりの利益や純資産など，バリュー・ドライバーとよばれて株式価値の源泉となるような会計数値に対して，業界平均値のような所定の倍数を乗じて企業価値を計算する。そのうち株式価値の源泉を利益に求めるのがPERモデルであり，純資産に求めるのがPBRモデルである。

　PERモデルは，利益こそが株式価値の源泉であると考えて，株価を1株当たり利益で割算した倍数を意味するPER（Price Earnings Ratio）を乗数として用いる。このEarningsは収益ではなく利益であるから，PERは本来は「株価純利益倍率」と名づけるのが正しいが，誤訳の株価収益率という用語が，実務界ではすっかり定着してしまっている。

　他方，PBRモデルは，株式価値の源泉は純資産であると考え，株価を1株当

たり純資産額で割算した倍数を意味する PBR（Price Book-Value Ratio）を乗数として用いる。Book-Value の直訳は帳簿価値であり，帳簿上の企業価値は純資産であることから，PBR は「株価純資産倍率」と名づけられている。

　これらの乗数モデルに基づいて算定された理論株価を実際株価と比較して割安株や割高株を判定する方法は，直観に訴えて単純明快である反面，次のような問題点を有する。第 1 に，1 株当たり利益や純資産に乗じる倍数は，何倍が適切かという明確な指針はなく，たとえば利益の成長率が高ければ倍率が高くなるのが通常である。第 2 に，どちらのモデルも，損益計算書の純利益情報と，貸借対照表の純資産情報の片方しか利用していない点でも不十分である。

　そこで次に，**割引現在価値モデル**について考察する。これらのモデルによる株式の価値評価の出発点は，株式の所有者または発行企業に対して流入する経済的価値に着目することである。この流入する価値に対して，割引利子率を適用して算定した割引現在価値をもって，企業価値の評価額とする。そのようなモデルは，将来期間に流入するどの経済的価値を割引の対象にするかにより，次の 3 種類に分類される。配当金を割引くのが「配当割引モデル」，キャッシュフローに基づくのが「割引キャッシュフロー・モデル」，会計利益に着目するのが「残余利益モデル」である。

2　3 つの割引現在価値モデル

(1)　配当割引モデル

　配当割引モデルは，その株式の所有がもたらす将来の配当の流列を割引く。ニワトリの評価額は，それが生む卵の価値によって決まり，乳牛は牛乳によって評価されるとすれば，株式はそれがもたらす配当で評価するというのが，このモデルの理念である。この意味で，配当割引モデルは，株式がなぜ価値をもつのかを説得力をもって説明する最も基本的な評価モデルといえる。

　このモデルによる株式価値は次式で表される。D は各期の配当額，r_e は自己資本コストである。

$$株式価値 = \Sigma \frac{配当}{1+自己資本コスト} = \frac{D}{1+r_e} + \frac{D}{(1+r_e)^2} + \frac{D}{(1+r_e)^3} + \cdots\cdots = \frac{D}{r_e}$$

また獲得した利益の一部の再投資から生じる利益成長により，配当の成長率が

g であると仮定した場合の株式価値は，次のとおりである。

$$株式価値 = \frac{D}{1+r_e} + \frac{D(1+g)}{(1+r_e)^2} + \frac{D(1+g)^2}{(1+r_e)^3} + \cdots\cdots = \frac{D}{r_e - g}$$

たとえば毎期の配当が30，自己資本コストが8％，成長率が2％なら，株式価値は $[30 \div (0.08 - 0.02) = 500]$ である。

　このモデルの特徴は，獲得利益の分配としての配当を基礎とするがゆえに，価値創造の側面ではなく，価値分配の側面に焦点を当てている点にある。これに対し，価値創造の側面，すなわち株式発行企業が生み出すキャッシュフローや会計利益に焦点を当てているのが，残りの2つのモデルである。

(2)　割引キャッシュフロー・モデル

　割引キャッシュフロー・モデルでは，その株式の発行企業が獲得する将来のフリー・キャッシュフロー（FCF と表記する）の流列を割引いて，事業活動の現在価値が算定される。このモデルによる企業価値評価の方法は，英語名の Discounted Cash Flow の頭文字をとって，「**DCF法**」という名前で広く知られており，企業価値を争う裁判でもいくつかの実用例がある[5]。

　前述の配当割引モデルが，自己資本の価値を直接的に評価するのに対し，このモデルでは ［自己資本の価値＝事業の価値＋金融資産の時価－有利子負債］ という計算式のうち，事業の価値が先に算定される点に特徴がある。すなわち有利子負債と自己資本で調達された合計資金のうち，事業投資に充てられた部分を「事業の価値」として評価したうえで，余剰資金の運用として金融投資の時価を加算したのち，有利子負債を控除して，企業の自己資本価値を算定するのである。

　評価の中心は事業の価値であるが，ここに次式が示すキャッシュフローの割引計算が組込まれている。

$$事業の価値 = \Sigma \frac{フリー・キャッシュフロー}{1+加重平均資本コスト}$$
$$= \frac{FCF}{1+wacc} + \frac{FCF}{(1+wacc)^2} + \frac{FCF}{(1+wacc)^3} + \cdots\cdots = \frac{FCF}{wacc}$$

また FCF の成長率が g のときの事業の価値は，次式で表される。

$$事業の価値 = \frac{FCF}{1+wacc} + \frac{FCF(1+g)}{(1+wacc)^2} + \frac{FCF(1+g)^2}{(1+wacc)^3} + \cdots\cdots = \frac{FCF}{wacc-g}$$

　この計算式を，配当割引モデルと見比べると，配当の D がフリー・キャッシュフローの FCF に置き換えられ，自己資本コストの r_e が加重平均資本コストの wacc に置き換えられているだけで，その形はまったく同じである。

　wacc は weighted average cost of capital の頭文字に由来しており，ワックともよばれる。これは，企業全体の資本コストを算定するために，自己資本と有利子負債での資金調達の割合に応じて，自己資本コストと有利子負債コストを加重平均した値である。

　他方，分子の**フリー・キャッシュフロー**とは，売上収入から企業の維持に必要な支出の全部を控除した後に手元に残る，企業が自由に使える資金額であり，通常は次の計算式に基づいて算定される。

FCF＝営業利益×（1－税率）＋減価償却費－設備投資額－運転資本増加額

この計算式を構成する項目の実績額はすべて，財務諸表から入手可能であり，それらのデータを参照しつつ，将来期間の FCF が予想されることになる。

　たとえば FCF が300，wacc が 5 ％，金融資産時価が500，有利子負債が2,000，発行済株式数が10株なら，自己資本の価値は［FCF300÷wacc0.05＋金融資産500－有利子負債2,000＝4,500］であるから，1 株当たり450となる。

(3)　残余利益モデル

　最後は，会計上の利益額を基礎とする残余利益モデルである。このモデルで割引対象となる利益は，株主に帰属する当期純利益額そのものではなく，利益から自己資本コストを控除した残額である。その残額は，資本コストをカバーして残り余った利益という意味で残余利益と名づけられており，モデルの名称もこれに由来する。このようにして算定した残余利益の割引現在価値を，貸借対照表が示す自己資本に上乗せした金額が，このモデルによる企業価値評価額である。企業価値評価が，財務諸表の利益や資本の金額と直結していることから，会計学者の中には，このモデルを推奨する研究者が数多く存在する。

　このモデルの出発点は，配当割引モデルであるが，配当モデルを残余利益モ

デルへと変形する場合に威力を発揮するのが，利益と資本の関係を示す「クリーン・サープラス関係」の計算式である。クリーン・サープラス関係とは，貸借対照表の資本と損益計算書の利益の関係を説明したものであり，[期末資本＝期首資本＋利益－配当] という関係式で表される。この関係式は，貸借対照表における期首から期末への資本の変動理由が，増資や配当のような資本取引を除けば，すべて損益計算書の利益によって説明されていることを意味する。

この関係式を変形すれば，配当額は [D＝期首資本＋利益－期末資本] として，会計上の利益と自己資本で表記される。そしてこれを前述の配当割引モデルの D に代入して整理すると，次式で表される「残余利益モデル」を導出することができる[6]。C は自己資本，A は利益，r_e は自己資本コストであり，添え字の 0 が現在時点，1，2，3……は将来の期末時点を表している。

$$自己資本の価値 = C_0 + \frac{A_1 - r_e C_0}{1 + r_e} + \frac{A_2 - r_e C_1}{(1 + r_e)^2} + \frac{A_3 - r_e C_2}{(1 + r_e)^3} + \cdots\cdots$$

ここでさらに，利益 A が毎期一定であり，利益の全額配当によって C も毎期一定であると仮定すれば，残余利益モデルは，次式が示すような非常に単純化された形で表現することができる。もし利益を全額配当せず，一部留保によって利益が成長率 g で増加するのなら，分母の r_e が $(r_e - g)$ に置き換えられる点も，これまでと同じである。

自己資本の価値＝

$$自己資本簿価 \ C_0 + \frac{会計利益 \ A_1 - 自己資本コスト \ r_e \cdot 自己資本簿価 \ C_0}{自己資本コスト \ r_e}$$

利益の成長率が毎期 g である場合

自己資本の価値＝

$$自己資本簿価 \ C_0 + \frac{会計利益 \ A_1 - 自己資本コスト \ r_e \cdot 自己資本簿価 \ C_0}{自己資本コスト \ r_e - 成長率 \ g}$$

この計算式に含まれる自己資本簿価 C_0 は，現時点の貸借対照表に記載されている。また会計利益 A は，当期末以降に算出される将来の利益額であるが，これは前期までの損益計算書に基づいて予測される。たとえば貸借対照表の自己資本簿価が4,000，損益計算書から予測する会計利益が440，自己資本コストが8％，発行済株式数が10株と仮定する。このとき残余利益モデルによる企業

価値は，次の計算により5,500となり，株数10で割れば，1株当たりの株式価値
は550である。

$$4,000+\frac{440-4,000\times0.08}{0.08}=5,500$$

　このようにして，モデルへの投入データが貸借対照表および損益計算書と結
びついている点が，このモデルの特徴である。したがって会計情報の投資意思
決定有用性の意味内容を，積極的（攻撃的）投資戦略の展開に必要な理論株価の
算定を目的とした企業価値評価モデルへの投入データとしての役立ちとして理
解するとき，それを最も強力に実感させるのは，この残余利益モデルである。

第6節　キャッシュフローと利益情報の優劣比較

1　3つのモデルの同等性

　前節で検討した3つのモデルは，割引対象の項目が相違するがゆえに，異なっ
た企業価値評価額が算定されるという予断を抱かせるかもしれない。しかし結
果として企業価値評価額が異なるとしても，それはモデルの実践適用に必要と
されるデータの予測値の精度の差によるものであり，モデルそれ自体の優劣に
起因するものではないのである。

　そこで次に，**図表6-8**として示す簡単な仮設例を用いて，このことを証明し
てみよう。3つの割引現在価値モデルの実践適用に関する考察は，キャッシュ
フロー情報と比較した場合に，発生主義の会計利益情報が情報提供機能に関し
て優位性をもちうる原因を具体的に解明するのにも役立つものと期待される。

　この仮設計算例は，図表の左上に示す期首の貸借対照表をもつ企業が，左下
に示す「毎期に実施する取引」を行った場合の，損益計算書・貸借対照表およ
びキャッシュ・フロー計算書を表示したものであるが，次のような特別な目的
を込めて作成されている。

　期首の貸借対照表の資産は生産設備2,000だけである。これを耐用年数20年に
わたり100ずつ減価償却する。貸方は，利子率5％の有利子負債が1,200と，資

図表 6-8　モデルの優劣比較のための仮設計算例

期首の貸借対照表	
生産設備　2,000	有利子負債　　1,200 （利子率5％）
20年にわたり 100ずつ償却	自己資本簿価　800 （自己資本コスト 10％）

損益計算書	
売　上　高	1,000
売上原価	500
減価償却費	100
営業利益	400
支払利息	60
税引前利益	340
税金費用	102
当期純利益	238

期末の貸借対照表	
	有利子 負債
生産 設備	1,200
	自己 資本
2,000	
	800

毎期に実施する取引の仕訳				
①（商　　　品	500	/現　　　金	500）	
②（現　　　金	1,000	/売　　　上	1,000）	
（売上原価	500	/商　　　品	500）	
③（減価償却費	100	/生産設備	100）	
④（生産設備	100	/現　　　金	100）	
⑤（支払利息	60	/現　　　金	60）	
⑥（税金費用	102	/現　　　金	102）	
⑦（利益剰余金	238	/現　　　金	238）	

キャッシュ・フロー計算書			
営業	税引前利益	340	
	減価償却費	100	
	税金支出	△102	338
投資	設備投資		△100
財務	配当金支払		△238
		収支尻	0

本コストが10％の自己資本が，800の簿価で，貸借対照表に掲載されている。この企業が，次のような①から⑦の取引を，毎期に実施すると仮定する。①商品500を現金で仕入れ，②その全商品を1,000で現金売上，③減価償却100を実施，④減価償却したのと同額の設備100を現金で取得して補充，⑤負債利子として1,200×5％＝60を現金払い，⑥税引前利益340×税率30％＝102の税金を現金納付，⑦利益を全額配当，という取引が毎期反復される。図表6-8には，これらの取引が仕訳の形で整理されている。

　下線を付した仕訳の項目を集計すれば，損益計算書が作成される。キャッシュ・フロー計算書は，税引前利益に所定の項目を加算減算して間接法で作成されている。最後に期末の貸借対照表を見ると，期首の貸借対照表と同じであることがわかる。したがって，これから先，毎期①から⑦の取引を反復するこ

の企業の3つの財務諸表は，未来永劫にこれと同じものが報告されることになる。

　このことは割引現在価値モデルの実践適用にとって，次のような極めて重要な意味を持つ。各モデルの実践適用には，配当やキャッシュフローや利益など，将来のデータの予測が必要であるのに対し，いま提示した設例においては，それらが未来永劫に同じ金額で繰り返されるので，予測するまでもなく現時点で確実に把握できることである。配当額と当期純利益は毎期238であり，フリー・キャッシュフローは営業利益400から算定される。

　このことを念頭において，3つのモデルによる企業価値を試算する。配当割引モデルでは，［企業価値＝配当238÷自己資本コスト0.1＝2,380］となる。

　次に，割引キャッシュフロー・モデルで分子となるフリー・キャッシュフローを計算すると，［営業利益400×（1－税率0.3）＋減価償却費100－設備投資100－運転資本増加0＝280］である。他方，企業の投下資金の全体を，有利子負債1,200と，前述の配当割引モデルで算定した自己資本評価額2,380に分けると，それぞれの割合は有利子負債が0.3352，自己資本が0.6648となる。これで加重平均資本コストwaccを計算すると，［有利子負債利子率0.05×（1－税率0.3）×有利子負債割合0.3352＋自己資本コスト0.1×自己資本割合0.6648＝0.07821］である。したがって企業価値は，［フリーCF280÷wacc0.07821＋金融資産0－有利子負債1,200＝2,380］と算定される。

　最後に，残余利益モデルでは［企業価値＝自己資本簿価800＋（当期純利益238－自己資本簿価800×自己資本コスト0.1）÷自己資本コスト0.1］という計算を経て，自己資本簿価の800に残余利益の現在価値1,580を加算して，ここでも企業価値評価額は2,380になる。つまり3つのモデルのどれを用いても，2,380という同じ評価額に到達するのである。

　これは必然的な結果である。なぜなら，残余利益モデルは配当割引モデルを変形したものであり，会計利益はキャッシュフローの総額を各期間に配分した結果に過ぎないからである。

2　残余利益モデルの優位性の源泉

　この試算結果は，次のことを意味している。図表6-8の仮設例のように，モ

デルに使用する将来の会計データが完璧に予測可能であるのなら，3つのモデルはどれを用いても，同じ企業価値評価額に到達するのである。しかし現実には，モデルに投入する将来の会計数値を予測しなければならない。したがって3つのモデルの間での実際の優劣は，配当とキャッシュフローと当期純利益のうち，最も予測しやすいのは，どのデータであるかによって決まってくることになる。

図表6-9は，このことを前提として，定性的な特性を内容とする次の①②③の視点で，3つのモデルの優劣を比較したものである。

①は，モデルの適用が不可能または無意味なケースの有無を比較している。発生主義の会計利益を基礎とする残余利益モデルには，そのようなケースは見当たらない。②は，モデルに投入する将来データの予測の難易度を考察している。発生主義会計の利益測定では，キャッシュフローの配分による平準化が行われているので，利益の予測は相対的に容易である。

③はターミナル価値への依存度を相互に比較している。ここに「ターミナル価値」というのは，たとえば将来の3年分だけ配当やキャッシュフローや当期純利益を予測して割引現在価値を算定したうえで，第3年度末の企業価値を別途に算定してこれに加算する場合の，その第3年度末の企業価値をいう。3年先の予測であるから，これには大きな予測誤差が伴いがちである。したがって

図表6-9 モデルの定性的な優劣比較

比較の視点	配当割引モデル	割引CFモデル	残余利益モデル
①適用が不可能または無意味なケース	配当をゼロに抑制する企業や，1株配当を定額にする企業	成長期の設備投資でFCFがマイナスの企業	特になし
②モデルに投入する将来データの予測の難易度	配当は裁量変数ゆえに予測は困難	設備投資と負債調達は裁量変数ゆえに予測が困難	発生主義でのCF配分により，予測は相対的に容易
③ターミナル価値への依存度	相対的に大きい	相対的に大きい	明らかに小さい

そのようなターミナル価値の割合は低いほど望ましいが，これが顕著に小さいのは残余利益モデルである[7]。したがってその分だけ，予測誤差も小さくなることが期待される。

　企業価値評価モデルとして残余利益モデルを推奨する会計学者の多くは，これら①②③の論拠によって，残余利益モデルが最も優れていると考えている。なかでもキャッシュフローをそれが関係する複数の会計期間に配分することにより，平準化された金額で収益と費用が計上されることの効果が大きいと思われる。それに貢献しているのが，(a)規則的な減価償却方法などの会計方針の選択と，(b)収益および費用の見越しや繰延べの根拠となる会計上の見積りである。

　本書の第3章第5節では，利益調整の手段となる(a)会計方針の選択と変更，および(b)会計上の見積りに関して，企業による意図的な判断のおそれを意識しつつも，その判断が経営者に委ねられている理由として，これらをめぐる最も的確な判断を行う能力が高いのが経営者自身であることを指摘した。この期待に応えて，経営者が財務諸表の適正表示を最優先として財務報告を行うのであれば，発生主義の会計情報はキャッシュフロー情報に比べて，企業価値評価のための情報として明らかに優位性をもつと考えてよい。

　これに対して，もし経営者が意図的な利益調整の目的で，会計方針や会計上の見積りに関する判断を行うのであれば，発生主義の会計利益はその優位性を低下させてしまうおそれが多分に存在する。しかし，そのような財務報告が証券市場での価格形成を歪めることになるか否かは，財務情報の利用に際しての投資者の賢明度によっても異なる。そこで第7章では，証券市場に参加する投資者が全体として非常に賢明であり，証券価格は入手可能な情報を常に完全に反映して形成されているとする「効率的市場仮説」について考察する。

3　利益情報の優位性を裏付ける証拠

　本章の第2節で説明したように，株価変化率と会計上の業績尺度の間の関連性の有無や程度を分析する手法を適用すれば，利益情報とキャッシュフロー情報の優劣比較が可能になる。発生主義会計の当期純利益と，キャッシュフロー情報のいずれが，株価変動とよりいっそう強力に関連しているかを調査するのである。この手法を活用し，株価変動との関連性の強さの観点から，キャッシュ

フロー情報に対する会計利益情報の優位性を裏付けた研究がある。

Dechow［1994］は，ニューヨークおよびアメリカン証券取引所の上場企業の1964～1989年のデータを活用し，株価変動から導出した投資収益率(リスク負担に見合う正常な投資収益率を控除した値)を，会計利益とキャッシュフローに対して回帰することにより，株価変動との関連性の強さに基づく優劣比較を行っている。相互に比較された3つの会計情報項目は，①発生主義会計の当期純利益，②営業活動によるキャッシュフロー，および③投資活動や財務活動も含めた純キャッシュフローである。この分析の結果，次の2点が明らかにされている。

(1) 株価変動を会計情報項目に対して単回帰した場合の決定係数は**図表6-10**のとおりであった。現金主義の会計情報である営業キャッシュフローや純キャッシュフローよりも，発生主義会計の当期純利益の方が，決定係数が大きく，株価変動との関連性がよりいっそう強力である。(p.22, table.3)

(2) 現金主義と発生主義の業績測定値を相違させているのは，利益とキャッシュフローの差分としての**会計発生高**であり，その相対的な大きさは，［1株当たり会計発生高÷株価］として把握できる。この絶対値の大きさに基づいてサンプルを同数の企業から構成される5個のグループ①～⑤に分類して(1)の回帰を行った結果は，**図表6-11**のとおりであった。この結果は，当期純利益を株価変動と関連づけると，会計発生高が①から⑤へと大きくなるほど，決定係数は上昇するが，キャッシュフロー情報の決定係数は低下することを示している。したがって会計利益と株価変動との関連性を高めているのは，会計発生高であることがわかる。(p.28, table.5)

図表6-10 株価変動を会計情報項目に回帰した決定係数

		会計情報の項目		
		当期純利益	営業 CF	純 CF
株価変動の集計期間	四半期	3.24%	0.01%	0.01%
	1 年	16.20	3.18	2.47
	4 年	40.26	10.88	6.12

(出典) Dechow (1994), p.22, table.3から抜粋

図表6-11　会計発生高が決定係数に及ぼす影響

| | | 会計項目 | 会計発生高の相対的な大きさ | | | | |
			①小	②	③	④	⑤大
株価変動の 集計期間	四半期	純CF	3.44	1.88	1.17	0.32	0.15
		当期純利益	3.55	2.82	3.03	4.69	4.96
	1　年	純CF	16.20	12.23	8.76	6.51	0.24
		当期純利益	16.84	15.44	14.49	14.82	21.98
	4　年	純CF	27.25	18.45	18.97	8.99	2.83
		当期純利益	26.99	22.66	26.79	23.84	31.78

（出典）　Dechow（1994），p.28，table.5から抜粋

　これらの結果に基づき，Dechow[1994]は，発生主義の会計利益の方がキャッシュフロー情報よりも優位性を示すのは，会計発生高を生じさせるような会計処理の実施によって，発生主義会計が現金主義会計に内在するマッチング問題とタイミング問題を軽減できているからであるとしている。「マッチング問題」とは，収益と費用の期間対応が不適切であるという現金主義会計の欠陥を意味し，「タイミング問題」とは，収益と費用の認識時点が不適切であるという欠陥を意味する。

　本書の第2章第1節では，発生主義会計の利益測定が，対応原則・発生原則・実現原則という3つの原則に支えられて成立していることを指摘した。**対応原則**は，収益と費用の個別的対応および期間的対応を通じて，現金主義会計に内在するマッチング問題を軽減するのに役立っている。他方，**発生原則**は現金支出を待たずに経済的価値の消費時点で費用を認識し，また**実現原則**は現金収入とは無関係に経済的価値の流入が確実になった時点で収益を認識することにより，タイミング問題を改善していると考えられる。したがってDechow[1994]が提示する証拠は，これまで概念的なレベルで的確性が肯定されてきた対応・発生・実現という発生主義会計の3原則の存在意義を，実証的に裏付けていると考えられる。

1　ポートフォリオ理論およびこれを基礎とする資本資産評価モデルの導出過程は，桜井［1991］第3章で詳述されている。

2　これを調査した世界最初の研究は Ball and Brown［1968］であり，図表6-3に示す日本の調査も，この研究に準拠している。

3　決算発表では，実績利益だけでなく次期の予測利益も公表されるから，この反応が実績利益に対するものであるとは限らない。しかし［株価変化率＝C_0＋C_1（実績利益変化）＋C_2（予測利益変化）］のモデル式で重回帰した結果は，C_1 と C_2 が共にプラス有意となり，予測利益情報を所与としても，実績利益情報への反応が追加的に存在することがわかる。

4　分散投資のリスク尺度であるベータ値，および集中投資のリスク尺度であるリターンの分散を，3要因に対して回帰した結果は次のとおりであった。

ベータ＝－0.126＋0.125（売上変動性）＋0.030（営業レバレッジ）＋0.197（財務レバレッジ）
　　　　　（－3.7）　　（9.1）　　　　　　　　（3.0）　　　　　　　　　（9.7）　　　R_2＝0.096

分　散＝－2.711＋0.154（売上変動性）＋0.017（営業レバレッジ）＋0.205（財務レバレッジ）
　　　　　（－105.7）　（14.9）　　　　　　　（2.2）　　　　　　　　　（13.5）　　R_2＝0.339

　　どちらの関係式も，3つの要因の係数がすべてプラスであり，統計的にも有意である。

5　たとえば会社の経営方針に反対する株主が自分の保有する株式を会社に買取請求した際の買取価格をめぐる裁判例や，非上場会社の創業者から子供へと相続された非上場株に対して税務当局が認定した相続税の評価額をめぐる裁判例がそれである。これらの訴訟で裁判所は割引キャッシュフロー・モデルによる企業価値評価額を目安に，判決を下している。

6　クリーン・サープラス関係式と配当割引モデルから，残余利益モデルを導出する過程は，桜井［2020］，298-299頁で詳述されている。残余利益モデルの右辺の第1項 C_0 は，当期首（現在時点）の貸借対照表の自己資本額である。右辺の第2項の分子の A_1 は，当期末に算定される利益額であるが，ここから資本コスト［r_eC_0］を控除して当期の残余利益［$A_1－r_eC_0$］を算定し，これを［$1＋r_e$］で割引いて割引現在価値が導出される。右辺の第3項と第4項が，それぞれ翌期と翌々期の残余利益の割引現在価値であり，以下同様にして算定された現在価値を累計することにより，自己資本の価値が算定される。

7　図表6-8の仮設例の場合，ターミナル価値の大きさは，配当割引モデルが1,873，割引キャッシュフロー・モデルが1,506，残余利益モデルが1,186となり，残余利益モデルのターミナル価値が最も小さい。

第 7 章

効率的市場仮説

　市場で成立する価格が，その時点で入手可能な情報を常に完全に反映して形成されているような市場は，情報の織込みが効率的であるという意味で，効率的市場とよばれる。現実の市場が，この意味で効率的であると主張する考え方が，**効率的市場仮説**（Efficient Market Hypothesis）である。

　前章では，日本の株式市場が会計利益情報に関して，すでに効率的市場に極めて近いレベルに到達していると思わせる次のような学術研究の結果を紹介した。(1)企業の利益業績の動向と，その企業の株価動向の間には，連動関係が観察されるだけでなく，実績利益情報の多くは，発表前に予想されて株価に織り込まれている。したがって会計利益を指標とした株式投資で成功するには，発表前に利益額を上手に予測しなければならない。(2)市場による実績利益の事前予測は完璧ではなく，サプライズも残されているが，市場での株価反応や出来高反応は短期間で終結する。したがって株式投資で成功するには，他人より迅速に株式売買を開始しなければならない。

　証券市場の効率性は，財務報告の制度設計に対して，多くの重要な含意を有する。そこで本章では，そのような効率的市場に関するいくつかの重要論点について考察する。もし企業が意図的に行った利益調整により，株価形成に歪みが生じているのであれば，証券市場の効率性は疑問視せざるをえないであろう。

第1節　効率的市場仮説とその含意

1　仮説の提唱と含意

　効率的市場仮説を体系的に提唱した最初の文献は，シカゴ大学のファーマ教授の次の論文である。

Fama, Eugene F., "Efficient Capital Markets : A Review of Theory and Empirical Work," *Journal of Finance*, Vol. 25, No. 2 (May 1970), pp.383-417.

この論文は次の書き出しで始まる。

　　資本市場の主要な役割は，経済における資本の配分である。一般的な用語でいえ
　　ば，その理想は，価格が資源配分の正確なシグナルを提供するような市場である。
　　すなわち，証券価格がすべての入手可能な情報を常に「完全に反映する」という仮
　　定のもとで，企業が生産と投資の意思決定を行うことができ，また投資者が企業活
　　動の所有権を表象する証券の中から選択を行うことができるような市場がそれで
　　ある。価格が入手可能な情報を常に「完全に反映する」市場は「効率的」であると
　　いわれる。

　もし現実の証券市場が，この意味で効率的であれば，財務諸表のような公表された情報に含まれる新しいニュースは，即時かつ完全に証券価格に反映されることになる。したがって入手可能な情報に基づいて証券投資を行った場合に，リスク負担に見合う正常な投資収益率は達成できるが，それを上回る超過的な投資収益を獲得することはできない。その情報を活用しても，割安株や割高株を発見することはできないからである。

　このように効率的市場仮説は，証券投資の世界で伝統的に考えられてきた投資戦略や情報活用を否定するような経済的含意を有している。その含意の具体的な内容は，効率的市場のレベルについて，前掲の論文が提唱する3つの型，すなわち①ウィーク型（weak form），②セミストロング型（semi-strong form），および③ストロング型（strong form）という3つの区分に分類して考察

することによって，更に明白になる。

ウィーク型の効率的市場とは，過去の価格変動の情報が，すべて現在の価格に完全に反映されている市場をいう。そのような市場では，将来の証券価格が，過去の価格変動やそのパターンとは独立して変動するから，過去の価格データをいくら分析しても将来の価格の予想には役立たないことになり，ケイ線分析のようなテクニカル分析の有効性が否定される。

セミストロング型の効率的市場とは，過去の価格情報も含めて，すべての公開情報が市場価格に即時かつ完全に反映されている市場である。したがって公表財務諸表のような公表情報を分析しても，割安株や割高株を発見することはできず，財務諸表分析のようなファンダメンタル分析によって，超過的な投資収益率を達成することはできない。図表6-2で一般投資者に対して推奨されている消極的(防衛的)投資戦略ないしパッシブ運用は，セミストロング型効率的市場のこの含意を考慮したものである。

最後に，ストロング型の効率的市場とは，公開情報に限らず，一部のインサイダーだけが入手可能な情報をも含めて，すべての情報が即時かつ完全に市場価格に反映されている市場をいう。したがってストロング型市場では，インサイダーさえも超過的な投資収益を獲得できないことになるが，この場合にはインサイダー取引規制が無意味になる。

これら3つの型のうち，財務報告にとって最も重要なのはセミストロング型の効率的市場である。したがって本章では，セミストロング型の効率的市場仮説を念頭に置いて，考察を行うことになる。

2　効率化の原動力

何らかの情報に関して効率的な市場では，価格が当該情報を即時かつ完全に反映して形成されているから，その情報をいくら詳細に分析しても，割安株や割高株を発見することはできない。図表6-1で図示された資本資産評価モデルを前提とすれば，このことは市場に存在するすべての有価証券が，証券市場線の上に位置づけられて均衡状態に到達していることを意味する。

しかしこの均衡状態が達成されたとしても，永続するとは限らない。何らかの要因によって，いくつかの株式銘柄の価格が証券市場線から外れて，割安株

（たとえば図表6‐1の点B）や割高株（証券市場線より下）が生じる可能性が常に存在する。たとえば退職後の生活費や借入金返済のため持株を売り急いだり，保有不動産や相続財産の売却代金を多額に投資するなど，企業価値の予測や変動とは無関係に売買を行うノイズ・トレーダーとよばれる人々の取引によっても，価格は変動する。もちろん企業の利益業績の見通しの変化を意味する新情報の到来も，投資者による企業価値評価を変化させる重要な要因である。

　その理由いかんにかかわらず，資本資産評価モデルの証券市場線から外れることになった証券については，これを再び証券市場線の上へと戻そうとするメカニズムが存在する。投資者による**裁定取引**（arbitrage）がそれである。たとえば，誤って過少に価格形成された証券を発見した投資者は，その銘柄を購入すべきであるし，逆に，誤って過大に価格形成されている証券は，迅速に売却しなければならない。もしその銘柄を保有していないのであれば，他者から借りて高いうちに売却し，値下がり後に買い戻して返却すればよい（いわゆる空売り）。割安株や割高株を発見した投資者が行うこのような裁定取引は，市場を効率化するための最大の原動力となる。

　しかし，割安株に対して買い注文が殺到した結果として，それが均衡状態を越えて，逆に割高に転じる可能性がないわけではない。割安株であると評価した投資者自身が，誤った判断をしている可能性も否定できない。それにもかかわらず，最終的には均衡状態に到達すると期待される理由は何か。これについてビーバー教授（William H. Beaver）は，その著書において興味深い事例を紹介しつつ，主観的な判断が異なる個々人が参加する市場で，価格がすべての入手可能な情報を完全に織り込むようになるメカニズムを，次のように説明している（Beaver［1981］，p.162）。

　アメリカでは，週末に開催される大学対抗フットボール試合の勝敗結果について，スポーツ紙が大勢の記者の予想を掲載し，その的中度が競われているという。そこから判明した事実は，どの予測者も圧倒的に優れた予測をしているわけでなく，結果的には，過半数の予測者によって勝利が予測されたチームが実際にも勝つという予測（コンセンサス予測という）の的中度が最も良好であったことである。

　これを株式市場に当てはめると，予測者は投資者であり，予測は投資者の投

資意思決定に相当する。この結果，所定の情報からみた割安・割高株の判断や，個々の予測者の予測能力の差異は，コンセンサス予測へと集約される過程で相互に相殺しあい，市場参加者全員の予測能力をも上回る市場価格が形成されるという。効率的市場の定義の「完全に反映する」という状態の背後には，このような平均化のプロセスが存在しているというのがビーバー教授の見解である。

　そのような平均化プロセスにおいて，個々人の判断の違いが価格に及ぼす影響が相互に相殺される上で決定的に重要となるのが，個々の意思決定が独立して行われるという条件である。もしフットボールの予測者が互いに相談しつつ予測を行えば，影響力の強い予測者の意見が強く反映されて，予測の独立性は失われる。同様に，ある企業の利益業績の情報に重要な利益調整が含まれる結果，かなりの数の投資者が同方向の偏った判断を行えば，結果として成立する市場価格も，不偏的なものではなくなるであろう。たとえば第 1 章第 4 節で提示したように，IPO 企業が利益調整によって連続的な利益成長を演出した財務諸表の報告を受けた多くの投資者が，それを根拠に将来も利益が成長すると予測すれば，個々の投資者の意思決定が独立して行われるという要件は満たされない。

　この意味で，企業による意図的な利益調整が，市場の効率化を阻害しているおそれがある。この懸念がどの程度まで現実問題として重要であるかについては，次章で検討する。

3　財務報告への含意

　1970年にファーマ教授が公刊した論文で提唱された効率的市場仮説は，それと前後して財務会計の分野で進展していた研究の成果，すなわち財務報告を通じて公表される会計情報と，証券価格などの市場データとの関連性を調査した実証研究からの知見の蓄積とも呼応して，1970年代と1980年代にわたり，会計学研究者の中でその仮説の信奉者を拡大していった。

　財務会計の研究者に効率的市場仮説を浸透させ，その信奉者の拡大に最も大きな影響力を発揮した文献は，ビーバー教授の次の著書である。

Beaver, William H., *Financial Reporting : An Accounting Revolution*, Prentice

-Hall, 1981.（伊藤邦雄訳『財務報告革命』白桃書房，1986年）

この著書は，その第5章において，現実の株式市場が公表会計情報に関して効率的市場であることを裏付ける証拠として，会計数値と株式市場データの関係を分析した当時の多数の実証研究を紹介している。本書は多くの読者を得て，1998年に第3版へと改訂された。

ビーバー教授はまた，財務会計の情報提供機能を中心に考察した場合に，効率的市場仮説が財務報告の制度設計に対して有する含意についても，次の文献で明快な議論を展開している。「FASBは何を目的とすべきか」と題して，アメリカ公認会計士協会の機関誌に掲載された1973年の論説（Beaver［1973]）がそれである。この論説で展開されている議論は，本書が第9章でとりあげる財務報告の制度設計に関する考察に際しても，非常に有益な多くの示唆に富んでいる。財務報告制度に対する効率的市場仮説の主要な含意として，この論考が指摘するのは次の4点である。

第1に，企業による会計方針の選択と変更に関して，所定の条件が満たされるとき，効率的市場では会計方針がその企業の証券価格に影響を及ぼすことはないという。その所定の条件とは，(1)会計方針がキャッシュフローに影響を及ぼさないこと，および(2)どの会計方針が採用されており，代替的な会計方針のもとで作成される財務諸表と比べてどんな差異が生じているかに関して，十分な情報が与えられていることである。このとき賢明な市場は，会計方針の差異の影響を完全に織り込んで，的確な価格形成を行うという。

ただし条件(1)については，第5章で検討したように，会計数値が各種の契約に組み込まれて企業活動にまで影響するから，キャッシュフローにも影響を及ぼすと考えざるを得ない。また条件(2)について，会計方針の開示は求められているものの，代替的な会計方針のもとでの財務諸表と比べた場合の差異については，不十分な情報しか開示されていない。したがって指摘された含意そのものは正しいとしても，その現実的な妥当性は実証研究の結果に基づいて判断する必要がある。

効率的市場の含意の第2は，フル・ディスクロージャーの重要性である。市場は入手可能な情報を価格に完全に反映させるので，追加情報が無駄になるこ

とはなく，開示によるインサイダー情報の削減は，市場に参加する投資者数を増加させて，効率性が促進される。

第 3 に，市場が効率的であれば，企業や規制当局は会計や財務報告の知識が乏しい投資者（ナイーブ投資者という）について，過度に心配する必要はないという。ナイーブな投資者の損失は，本源的価値よりも高い価格で株式を購入したり，逆に本源的価値を下回る価格での売却によって生じるが，すでに市場価格が本源的価値を反映しているのであれば，市場価格での売買によってナイーブ投資者が損失を被ることはない。ビーバー教授は，この状況を「効率的市場により，投資者が**価格保護**されている（price-protected）」と表現している。

最後に第 4 の含意として指摘されているのは，財務諸表を中心とする財務報告が，証券の価格形成に影響を及ぼす多くの競合的な情報源泉の 1 つに過ぎないという認識の重要性である。他の情報源泉に比べて，財務報告が何らかの優位性を発揮できなければ，他の情報源泉に取って代わられてしまうという。

これらの含意が，現実の経済社会における財務報告の制度設計に関して，どの程度の説得力を有するかを左右する重要な要因は，効率的市場仮説の現実妥当性である。1980 年代まで財務会計の研究者が熱狂的に支持していた効率的市場仮説は，その後，現実妥当性について再検討の時代を迎える。

第 2 節　仮説の現実妥当性

1　パラドックス

効率的市場仮説の現実妥当性については，それを疑問視する 2 通りの見解がある。 1 つは，効率性が達成される過程に関する議論に，論理的な矛盾が内在することを指摘する見解である。そのような論理矛盾は効率的市場仮説の**パラドックス**とよばれている。いま 1 つは，価格がある種の公表情報を完全には反映していないことを示唆する多くの学術研究結果の存在を重視する見解である。効率的市場仮説の現実妥当性を否定するそのような反対証拠は**アノマリー**（anomaly）とよばれている。そこで次に，これら 2 通りの見解を検討する。

仮説にパラドックスが内在することを指摘する見解の概要は，次のとおりである。前節でも指摘したとおり，市場を効率化するための最大の原動力は，公表財務諸表のような情報からみて，割安株や割高株を発見したと考える投資者が行う裁定取引であるとされる。しかし効率的市場では，市場価格が常にすべての入手可能な情報を完全に織り込んでいるというのが，その定義である。したがってそのような情報の収集や分析にコストをかけても，割安株や割高株を発見できず，裁定取引を通じて超過的な投資利益を獲得することはできない。そうなると投資者には，その情報を収集して利用しようという動機がなくなり，当該情報に基づく裁定取引も行われなくなる結果，市場価格は入手可能な情報をすべて完全には織り込まなくなるであろう。要するに，市場が効率的であれば，情報の入手と利用の動機が失われ，その結果として市場は効率的でなくなるというのが，パラドックスの論点である。

　このパラドックスを解消するのに有効１つの考え方は，市場の効率性は非常に高いものの，決して100％まで完璧に効率的であるのではなく，有能な投資者が情報の収集や分析にコストをかけることを正当化する程度の，わずかな非効率性が市場に残されていると考えることである。市場が完璧な効率性のレベルにまで到達していなければ，有能な投資者には割安株や割高株を発見できる可能性が残されていて，情報の入手と分析および裁定取引の迅速な開始への動機が保持される結果，市場の効率性が非常に高い水準で維持されるであろう。

　ここでいう有能な投資者が具備すべき能力とは，会計情報を対象として考えると，本章の冒頭でも言及したとおり，(1)いまだ発表されていない将来の利益額を上手に予測する能力，または(2)公表後の情報に基づいて発見した割安株や割高株について，他の投資者よりも迅速に株式売買を開始する能力のいずれかである。

2　アノマリー

　効率的市場仮説の現実妥当性に疑問を提起するもう１つの見解は，価格がある種の公表情報を完全には反映していないことを示唆する多くの学術研究結果の存在を根拠とする。

　1970年代と1980年代に財務会計の研究者の間で効率的市場仮説が熱狂的な支

持を集める一方で，この仮説のもとでは生じないようなアノマリーを提示する
研究成果も数多く報告されてきた。その多くは，何らかの公表情報を活用した
投資戦略から，リスク負担に見合う正常な投資利益を大きく上回る**超過リター
ン**が得られることを証拠づけている。**図表7‑1**は，活用される情報を会計情報
に限定することなく，これまでに報告されている主要なアノマリーについて，
音川［2013］や大日方［2010］の整理を参考にして，要約したものである。

　そのようなアノマリーの第1グループは，過去の株価パターンに基づいて考
案された投資戦略の採用により，超過的な投資収益率の獲得が可能であること
を示唆する研究結果である。これには，①12月末に株式を買い1月末に売るこ
とで，他の月より高い投資収益率が得られるとする「1月効果」，②投資収益率
は，他の曜日に比べて，週末に高く，月曜に低いとする「曜日効果」，③過去3
〜5年の投資収益率が低かった銘柄の方が，高かった銘柄よりも，その後の数
年間の投資収益率が高いという「逆転効果」，④過去6か月程度の短期間の株価
動向が，その後3か月〜1年にわたって持続するという「モメンタム効果」と
名づけられた研究結果が報告されている。

　第2に，時価総額や株価乗数に基づく銘柄選択から，超過的な投資収益率の
獲得が可能であることを報告する研究もある。⑤時価総額でみた大型株より小
型株の方が，その後の投資収益率が高いという「規模効果」，⑥［利益÷株価］
が大きい（＝PERが小さい）銘柄の方が，その後の投資収益率が高いことを示す
「EP効果（Earnings‑to‑Price Effect）」（PER効果ともいう），⑦［1株純資産÷株
価］が大きい銘柄の方が，その後の投資収益率が高いことを示す「BM効果
（Book‑to‑Market Effect）」が，その代表的な例である。

　アノマリーの第3グループは，財務諸表のような公表された会計情報を活用
した投資戦略の展開により，リスク負担に見合う正常な投資利益を大きく上回
る，超過リターンの獲得が可能であることを報告する各種の研究成果である。
これらの証拠は，財務報告の制度設計を考察するうえで非常に重要性が高いの
で，本章の以下の部分では，このグループに属する次のような証拠について検
討する。

　⑧株価が利益情報を織り込むには何日間かを要するので，迅速な売買により
超過利益が獲得可能であることを裏付ける実証結果は，市場が効率的であると

図表7-1　効率的市場仮説のアノマリー

アノマリーの名称	市場効率性と矛盾する株価形成の事実
(1)過去の株価パターンを参照した超過利益の獲得	
①1月効果	1月は他の月に比べて，投資収益率が高い。
②曜日効果	投資収益率は，他の曜日に比べて，週末に高く，月曜に低い。
③逆転効果	過去3〜5年の投資収益率が低かった銘柄の方が，高かった銘柄よりも，その後の数年間の投資収益率が高い。
④モメンタム効果	過去6か月程度の短期間の株価動向が，その後3か月〜1年にわたって持続する。
(2)時価総額や株価乗数を参照した超過利益の獲得	
⑤規模効果	時価総額でみた大型株より小型株の方が，その後の投資収益率が高い。
⑥EP（PER）効果	［利益÷株価］が大きい（＝PERが小さい）銘柄の方が，その後の投資収益率が高い。
⑦BM効果	［1株純資産÷株価］が大きい銘柄の方が，その後の投資収益率が高い。
(3)公表された会計情報を活用した超過利益の獲得	
⑧利益発表後の株価ドリフト	株価は利益情報の織込に何日間か要するので，迅速な売買により超過利益が獲得可能。Foster, Olsen and Shevlin（1984）
⑨会計発生高	会計発生高がマイナスの銘柄を買い，プラスの銘柄を売れば，超過利益が獲得可能。Sloan（1996）
⑩財務比率で推定した増益確率	財務諸表の比率分析から推定した増益確率の高低を利用した売買により超過利益が獲得可能。Ou and Penman（1989）
⑪残余利益モデルによる理論株価	残余利益モデルで算定した理論株価からみた割安・割高株の売買により超過利益が獲得可能。Frankel and Lee（1998）

判断されるのに必要な条件のうち，市場による情報の織込みが「即時」ではないことを意味している。この証拠は，利益の発表後にもしばらくは株価が変動を続けることを示すことから，この現象は「利益発表後の株価ドリフト（post-earnings announcement drift）」とよばれている。株価が会計情報を織り込む迅速度に関する研究は，第 3 節でさらに詳細に検討する。

　他方，財務諸表のような公表会計情報の中に，いまだ完全には株価に織り込まれていない情報が存在しており，それらを賢明に活用した投資戦略の展開によって，リスク負担に見合う正常な投資利益を上回る超過リターン獲得可能性を報告する一連の証拠も存在する。このような証拠の存在は効率的市場仮説の要件のうち，入手可能な情報を価格が「完全に反映する」という条件に反するものである。

　このグループに属する証拠はそれぞれ，⑨営業活動からのキャッシュフローと当期純利益の差額である会計発生高を基礎とする投資戦略，⑩財務諸表分析から得られる各種の財務比率を総合して推定した増益確率を基礎とする投資戦略，⑪残余利益モデルから算出した理論株価と対比して割安株・割高株を判定する投資戦略により，超過リターンの獲得が可能であることを裏付けている。これらの証拠は，本章の第 4 節で詳細に考察する。

第 3 節　価格が情報を織り込む迅速度

　価格が情報を常に完全に反映するという効率的市場仮説の定義は，①価格が新情報を織り込む迅速性，および②価格が全情報を正しく織り込むことによる価格形成の完全性という 2 つの特徴を有する。このうちここでは株価が利益情報を織り込む迅速度に関するアノマリーについて考察する。

　利益発表に対する株価の反応が迅速には完了せず，予想外の好業績を報告した企業の株価がその後もある程度の期間（たとえば数日間）にわたって上昇を続け，逆に予想外に低い利益を発表した企業の株価が下落し続けるなら，株価は新情報を即時といえるほど迅速に織り込んでいることにはならない。したがって予想外の好業績銘柄の購入と，悪業績銘柄の売却（信用取引による空売り）

を，他人に先駆けて行えば，超過リターンの獲得が可能であるから，そのような証拠は効率的市場仮説に反する。

　株価が利益情報を織り込むスピードについては，当初，1か月単位の株価変動データしか学術研究に利用できなかったために，明確な証拠は得られなかった。この限界に対し，利用データを1日単位の株価変動データへと詳細化し，また多様な分析手法を試みることにより，利益発表後の株価ドリフトの存在を明確に証拠づけたのは，Foster, Olsen and Shevlin [1984] である。**図表7-2**は，その分析結果を転載している。

　この研究では，1974年〜1981年のニューヨーク上場企業の四半期利益発表をサンプルとし，各社について〔(その四半期利益−前年の同じ四半期利益)÷そ

| 図表7-2 | ニューヨーク市場の利益発表後の株価ドリフト |

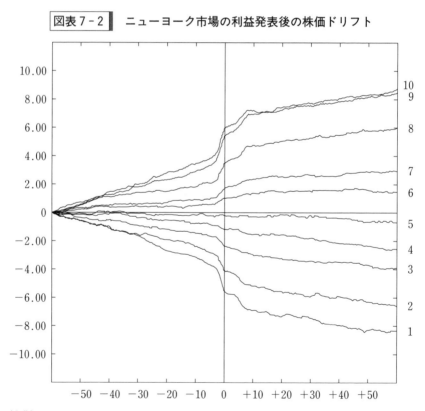

（出典）　Foster, Olsen and Shevlin (1984), p.588.

146

の四半期利益の絶対値〕として算定した相対的な利益変化率の大小により，同数の銘柄から成る10個のグループが形成される。図表中に10として示されているのが，四半期利益の増加率が最大であったグループであり，1として示されているのが，四半期利益が最も大きく悪化したグループである。そして決算発表日を日次ゼロとし，その60日前から60日後までの間について1日単位での株価変化率（厳密には，企業規模と市場全体変動の影響分を調整した残差リターン）が累計されている。

　調査の結果は，折れ線グラフが日次ゼロの前後で大きくジャンプしており，発表された四半期利益情報に市場が大きく反応して，その情報を株価に織り込んだことを示している。しかし織込みは即時には完結せず，日次ゼロの右側の何日間かにわたり，株価変化が持続していることが明らかである。利益発表後60日間の累積残差リターンは，グループ10で＋3.23％，グループ1で−3.08％にも達する。したがって投資者が，四半期利益の対前年変化率に基づいて，売買する銘柄を選択して投資戦略を実践すれば，市場平均を6％以上も上回る超過リターンを達成できたはずである。この研究結果は，先行研究のリサーチデザインの問題点を精力的に改善したうえで得られたものであるから，四半期利益情報の織込みに関してさえ，市場が決して即時といえるほど迅速ではないことを強力に裏付ける証拠である。

　東京市場に関しても，**図表 7 - 3** が示すような同様の分析結果が，後藤[1997]によって報告されている。この研究の特徴は，サンプル企業をその時価総額の大小で区分して，株価が決算発表情報を織り込むスピードを比較している点にある。1974年〜1992年の東証一部上場企業の年次利益の決算発表をサンプルとし，これらが時価総額の大小で5等分される。各グループに属する企業に関し，1株当たり経常利益の対前年変化率が上位20％に属する業績向上企業の株式を購入し，下位20％の業績悪化企業の株式を信用取引で売却（空売り）する投資戦略をとった場合の投資成績が調査されている。具体的には，決算発表日を日次ゼロとし，その300日前から100日後までの期間について，1日単位の超過リターンのグループ別平均値を累計する方法で行われた。

　調査の結果は，時価総額が最大のグループ（破線）では，300日前から右肩上がりで続伸してきた投資収益率が，日次ゼロを超えるとほとんど停滞状態に

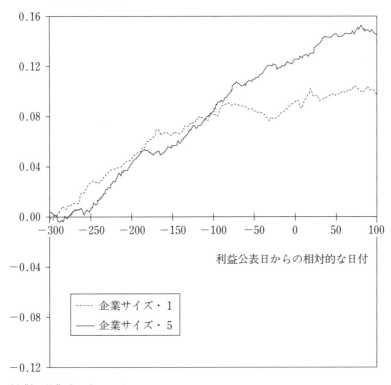

図表7-3　東京市場の利益発表後の株価ドリフト

利益公表日からの相対的な日付

----- 企業サイズ・1
――― 企業サイズ・5

(出典)　後藤 (1997)，133頁。

なっているのに対し，時価総額が最小のグループ(実線)では，日次ゼロを超え
ても右肩上がりの状態が，しばらく持続することを明らかにしている。この結
果について，後藤(1997)は，時価総額が小さい上場会社は，投資家やアナリス
トの注目度が相対的に低いので，情報の織込みに日数を要するのだろうという
解釈を提示している。この研究結果もまた，市場による利益情報の織込みが決
して即時といえるほど迅速ではないことを強力に裏付けている。

　本書の第6章で，有能な投資者には積極的(攻撃的)投資戦略の採用が推奨さ
れることを指摘した際に，有能な投資者の1つのタイプとして，決算発表デー
タに基づいて他人よりも迅速に株式売買を開始できる投資者を挙げたが(第3
節2)，それは株式市場による利益情報の織込みが決して即時といえるほど迅速

ではないことを示すこのような証拠を反映したものである。

第 4 節　価格が情報を織り込む完全度

1　会計発生高

　効率的な株式市場が具備すべきもう 1 つの特徴は，株価が公表済の全情報を正しく織り込むことによる価格形成の完全性である。したがって，たとえば公表済の会計情報から導出される何らかの情報項目を利用して投資戦略を展開した場合に，超過リターンを獲得できるのであれば，市場はその会計情報を完全には織り込んでいないことになるから，効率的市場であるとはいえない。

　市場価格に完全には織り込まれていないことが学術研究で報告されている情報項目はさまざまであるが，ここでは発生主義会計の利益情報と密接に関係する情報項目として，次の 3 つをとりあげる。①会計発生高，②財務諸表分析から推定された増益確率，および③残余利益モデルで算定された理論株価がそれである。

　会計発生高に基づいて売買銘柄を選択することにより，超過リターンの獲得が可能であることを証拠づけた最初の学術研究は，Sloan [1996] である。本書の第 3 章第 4 節で考察したとおり，会計発生高とは，利益とキャッシュフローの差異をいい，多くの場合は損益計算書の当期純利益と，キャッシュ・フロー計算書の「営業活動によるキャッシュ・フロー」の差額として算定される。すなわち ［会計発生高＝当期純利益－営業活動によるキャッシュ・フロー］ である。この研究は，会計発生高の情報を次のように活用して，超過リターンの達成が可能であることを証拠づけた。効率的市場仮説に反するこの証拠は，「**会計発生高アノマリー**（accrual anomaly）」とよばれている。

　Sloan [1996] は，当期純利益ではなく，会計発生高の相対的な大きさに基づいて，サンプルを同数の企業から構成される10グループに分類したうえで，決算日後 4 か月目から 3 年間にわたって，グループ別の投資収益率を集計した。決算日後 4 か月目からの集計の開始は，日本の有価証券報告書に相当する

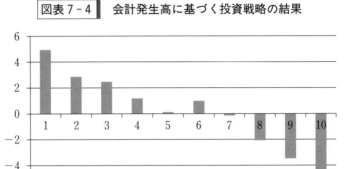

図表7-4 会計発生高に基づく投資戦略の結果

(出典) Sloan (1996), p.307をグラフ化。

Form10Kが，遅くとも決算日後3か月以内に提出されて，会計発生高を公表情報から詳細に把握することが可能になる点を考慮したものである。調査結果は**図表7-4**のとおりであった。

図表7-4によれば，グループ別に平均して累計した投資収益率（残差リターンで集計）は，最初の1年に関し，会計発生高が最大のプラス値を示すグループ10で−5.5％と低迷し，逆に，会計発生高が最も小さいグループ1で＋4.9％にも達していた。同様にして集計された投資収益率は，2年目が−3.2％と＋1.6％，3年目が−2.2％と＋0.7％である。2つのグループ間のリターンの差異は，第1年目と第2年目について，統計的にも有意であった。この結果は，株価が会計発生高という一般に利用可能な情報を完全には反映していないこと，したがって会計発生高の情報を用いた投資戦略から超過リターンの獲得が可能であることを示す点で，効率的市場仮説とは整合しないアノマリーである。

同様の結果は，日本でも検出されている。たとえば浅野 [2002, 65頁] は，日本企業の1979〜1998年のデータに基づき，会計発生高が最大のプラス値を示すグループの銘柄を売り，会計発生高が最大のマイナス値を示すグループの銘柄を買った場合,その後の1年間に＋6.0％の超過リターンが得られたことを報告している。

　Sloan[1996]はまた，会計発生高アノマリーが生じる原因を明らかにするために，会計利益の持続性に関する市場の認識に焦点を当てた分析も追加して実施している[1]。その結果として判明したのは，(1)発生主義利益を全体としてみた場合の持続性は的確に株価に反映されているが，(2)利益をキャッシュフローと会計発生高に分割した場合，キャッシュフローの持続性が過少に評価されているのに対し，会計発生高の持続性は過大に期待されて株価に反映されていることである。実際には持続性が低い会計発生高によって，当期純利益が好業績（悪業績）を示していても，市場はそれが持続するものと誤認して，その銘柄が割安株（割高株）であるという誤った判断を下すがゆえに，この結果が生じるというのが追加分析の結論である。

　会計発生高を時系列的に観察すると，そこには逆転現象が存在することは，会計学研究者の間では周知の共通認識であり，裁量的発生高については特にこの傾向が強い。会計処理上の手段によって，ある年度に利益捻出を行っても，その会計操作が将来の年度の利益を圧縮する方向で作用するのである。この点は第8章第2節で詳述する。

　利益情報を活用して積極的投資戦略を展開するには，将来利益の優れた予測が必要とされるが，Sloan[1996]の結果は，会計発生高の持続性の低さが，的確な利益予測を困難にしていることを示唆するものである。会計発生高はまた，非裁量的部分と裁量的部分に区分することができるが，裁量的部分（利益調整）が利益の予測や株価形成に及ぼす影響については，次章で考察する。

2　財務諸表分析から推定された増益確率

　財務諸表分析によって導出される多数の財務比率を統合して活用することで，超過リターンの獲得が可能であることを示す証拠を提示したのは，Ou and Penman[1989]である。この研究では，多数の財務比率を組み込んで次年度の1株当たり利益の変化を予測するモデルの開発が試みられており，そのモデルで推定された増益確率に基づいて売買銘柄の選択を行った場合の投資収益率が，次のように調査されている。

　増益確率を予測するモデルに投入される財務比率は，財務諸表分析の教科書から抽出した68個を候補としたうえで，実際のデータに基づき，次年度の利益

変化について有意な予測能力を有することが確認できた28個が，予測モデルに組み込まれる。総資産利益率，自己資本利益率とその変化，負債比率，一株配当の変化，棚卸資産の増減率などがそれであり，これらの財務比率ごとに係数が特定される。次年度の増益（1株当たり利益の変化がプラスになる）確率を推定するために，モデルに投入されるのは，決算日から3か月後に公表された予測対象企業の財務諸表データである。

このようにして銘柄別の増益確率が推定されると，この確率が0.6を超える銘柄を買い，0.4以下の銘柄を売る（信用取引による売却）という投資戦略を採用した場合の超過リターンが集計される。この調査の結果は，決算日後4か月目から1年間の超過リターンが8.34％となり，2年間では14.53％にも達したことを示している。したがってこの結果もまた，効率的市場仮説に対するアノマリーである。それと同時に，この研究は，将来期間の会計利益の動向を的確に予測することが非常に重要であることを，改めて認識させている。

この論文の著者の一人であるペンマン教授（Stephen F. Penman）は，『アナリストのための財務諸表分析とバリュエーション』と題する著書（Penmam[2013]）の序文において，効率的市場仮説と財務諸表分析の関係について，次のような自説を明示して，効率的市場仮説の現実妥当性を否定する見解を表明している。

　　投資のテキストでは，一般に，資本市場は「効率的」であるという見方がとられ，そこでの市場価格は取引される証券の潜在的価値を常に反映している。（中略）これに対し，このテキストは，アクティビストの観点をとる。アクティブ投資家は「市場は効率的であるという前提」を置かない。アクティブ投資家は，むしろ，堅実な分析によって市場価格を吟味し，その価格が適正な価格かどうかを確かめる。実際，彼らは大きなリターンを得るために，市場でミスプライシングされていると思われるものに投資する。…

Ou and Penman［1989］の論文は，会計学研究者に大きな反響を引き起こし，その信頼性を再検証しようとするものも含めて，多くの追加的研究を生み出すことになった。そのような研究成果の1つとして，Holthausen and Larcker［1992］は，前述のような超過リターンの獲得が，Ou and Penman［1989］の分析対象期間に特有の現象であり，それ以後の期間では同様の結果が得られな

かったことを報告している。しかし Chen et al. [2022] は，Ou and Penman [1989]の研究をさらに発展させ，AI を用いた現代風の機械学習手法も適用した分析の精緻化によって，財務諸表を活用した超過リターンの獲得が，依然として可能であることを示す証拠を提示している。この研究動向とその含意については第10章で考察する。

3　残余利益モデルで算定された理論株価

効率的市場仮説に反する証拠として，会計学研究者の間で大きな反響を引き起こしたもう 1 つの研究は，Frankel and Lee [1998] である。この研究では，企業価値評価モデルとして残余利益モデルを用いた場合の理論株価を算定し，これを実際の市場価格と対比して検出した割安株・割高株について，その後の投資収益率を比較する手法が採用された。

第 6 章第 5 節で検討したように，残余利益モデルで理論株価を算定するには，現在の自己資本簿価，将来期間の予測利益，および割引利子率のデータが必要とされる。本研究ではこのうち将来期間の予測利益として，理論株価の算定時点で入手可能なアナリストの将来利益予測値が用いられている。[理論株価 V÷実際株価 P] として算定した V/P 比率によりサンプルを，同数の企業から構成される 5 個のグループに分類して，その後の平均的な投資収益率がグループごとに集計される。V/P 比率が大きいグループは割安株であり，V/P 比率が低いグループは割高株であると考えればよい。投資収益率の集計結果は次のとおりであった。

図表 7 - 5　残余利益モデルでの理論株価による銘柄選択の効果

	V/P 比率が最大の20%のグループ【割安株】	V/P 比率が最小の20%のグループ【割高株】	投資収益率の差
投資開始後 1 年間	16.9%	13.8%	3.1%
投資開始後 2 年間	36.9	21.7	15.2
投資開始後 3 年間	63.7	33.1	30.6

（出典）　Frankel and Lee (1998), p.297, Table 3.

したがってこの結果は，アナリストによる将来利益についてのコンセンサス予測の情報や，それを利用して残余利益モデルから導出した理論株価の情報が，市場価格に的確には反映されていないことを示す点で，効率的市場仮説に対するアノマリーである。この結果はまた，会計利益を指標として積極的投資戦略を実行する際に必要な将来期間の利益予測データとして，アナリストによるコンセンサス予測が良好な情報源泉であることを明らかにしている点が注目される。

　日本でも，須田・竹原［2005, 11頁, 表3］がFrankel and Lee［1998］と同様に残余利益モデルによってV/P比率を算定し，6か月間の投資戦略をとることで，6.5〜7.9%の超過リターンを獲得できることを報告している。

第5節　仮説の近似的妥当性

1　アノマリーの原因

　前述のようなアノマリーが相次いで報告されるに伴って，なぜそのようなアノマリーが観察されるのかという原因分析に，研究者の関心が向けられるようになった。現在のところ，アノマリーの発生原因については，(1)リサーチ・デザインの欠陥によるという見解と，(2)市場が現実には効率的でないことによるという2つの代表的な見解がある。

　研究者の間で効率的市場仮説が広く信奉されていた1970〜80年代には，アノマリーが観察されるのは，研究者のリサーチ・デザインに重大な欠陥が存在するからであり，超過リターンの獲得可能性は見せかけにすぎないという(1)の見解が優勢であった。超過リターンの獲得可能性を確かめるには，実際のリターンから，リスク負担に見合う正常リターンを控除して集計を行う必要があるところ，研究者が正常リターンを算定するのに用いる資本資産評価モデルのような均衡モデルそのものが誤っているとか，モデルは正しくても研究者が超過リターンを正しく測定できていないから，見かけ上のアノマリーが観察されるという見解がそれである。たとえば所定の情報項目に基づいて割安株と判定され

た銘柄には，いまだ明示的に考慮されていないリスク要因が存在しており，その追加的リスクを考慮すれば超過リターンが消滅するから，アノマリーではなくなるという主張が行われていた。

　しかしリサーチ・デザインに関して考えられる改善策を講じてもなお，アノマリーが観察され続けることから，1990年代以降は，市場が効率的ではないからアノマリー現象が観察されるという(2)の見解が大勢を占めるようになった。これには①ノイズ・トレーダーの存在を強調する考え方と，②裁定取引を阻害する市場要因の存在を強調する考え方がある。

　①ノイズ・トレーダーの存在を強調する見解は，投資意思決定を合理的には行わないような心理的バイアスを有する投資者（ノイズ・トレーダー）が数多く存在し，その非合理的な投資行動の結果として，市場の非効率性が生まれると考える。他方，②裁定取引の阻害要因を強調する見解は，合理的な投資者による裁定取引が十分に機能しないのは，それを妨げる市場の構造に原因があり，その結果として市場の非効率性が存続し続けると考える。そのような市場構造として重要なのは，証券売買の取引コストや情報入手と情報利用に要するコストである。

　このうち情報関係のコストについては，金融庁のEDINET，取引所ウェブサイト，および上場会社自身のウェブサイトなど，インターネットを通じた財務情報の公開により，情報入手のコストは格段に削減された。しかし入手した財務諸表を的確に分析して解釈し，割安株・割高株の発見に結び付けるには，多くの時間と高度な専門知識が必要とされる。前述の議論でアノマリーとして紹介した，会計発生高情報，財務比率から推定する増益確率，および残余利益モデルの実践適用には，いずれも高度な専門知識が不可欠である。したがってこの種の情報利用コストの存在は，市場の効率性の阻害要因として重要であると思われる。

2　仮説の近似的な現実妥当性

　本章では Fama［1970］によって提唱された効率的市場仮説について，「市場で成立する価格が，その時点で入手可能な情報を常に完全に反映して形成されている市場」という定義から導出される含意とその現実妥当性について考察し

た。市場が効率的であるためには，①価格が情報を織り込む速度が即時といえるほど迅速でなければならず，また②その時点で入手可能なすべての情報を，価格が正しく織り込んで形成されていなければならない。したがって公表情報を詳細に分析し，それを活用して売買銘柄の選択を行っても，効率的市場ではリスク負担に見合う正常な投資収益率を上回る超過的な投資収益率を達成することができないことになる。

　この論理的な帰結は，会計情報の投資意思決定有用性を考えるうえで，次のような重要な含意を有する。図表6-2で提示したとおり，市場が効率的であると感じる投資者は，会計情報を利用した銘柄選択を行っても超過リターンは得られないから，自己が負担するリスクに見合う正常な投資収益率の獲得をもって満足する消極的（防衛的）投資戦略の採用が推奨される。他方，完璧といえるほどには市場が効率的ではなく，部分的にせよ非効率性が残されていると感じる投資者は，割安株・割高株の発見により超過リターンの獲得をめざす積極的（攻撃的）投資戦略の採用をめざすべきである。したがって効率的市場仮説が実際に現実妥当性を有するか否かは，会計情報の有用性にとって決定的に重要である。

　そこで本章では，(1)この仮説には市場を効率化させる原動力について重要な論理矛盾（パラドックス）が存在することを指摘したうえで，(2)この仮説とは両立しない反対証拠（アノマリー）を提示している代表的な学術研究の結果を検討した。

　それらの反対証拠は，(1)株価が利益などの会計情報を織り込むスピードが，決して「即時」といえるほど迅速ではないこと，および(2)株価が会計情報を織り込む完全度を考えた場合に，いくつかの公表会計情報についてはいまだ完全には株価に織り込まれていないことを示している。完全には株価に織り込まれてない公表情報の代表例としては，①会計発生高，②財務諸表分析から推定された増益確率，および③残余利益モデルで算定された理論株価に関して，信頼性の高い学術研究の結果が報告されている。本章で提示したこれら3種類の反対証拠は，いずれも将来期間の利益を的確に予測することと密接に関係するものである。

　これらを総合すると，実際の株式市場は，入手可能な情報を遅滞なく正しく

反映して価格が形成される傾向が強いという意味で，効率的市場仮説が近似的には現実妥当性を有するが，その効率性の程度は決して完璧ではなく，非効率的な側面も存在しているというのが，現時点での本書の結論である。

　したがって自己が有能であることを自認する投資者にとっては，公表財務諸表のような会計情報を活用して，超過リターンの獲得を目指す余地が残されている。ただし有能な投資者であるために，次のいずれかの要件を満たさなければならないことは，前章で指摘したとおりである。その1つは，会計利益のような企業業績を指標とした投資戦略を成功させるには，投資者は将来期間の利益をその公表前に市場よりも的確に予測する能力をもたなければならない。いま1つは，決算発表時点で入手した利益情報に基づいて，他人よりも迅速に売買銘柄の選択と取引を完了させる必要がある。このような能力をもたない多くの一般投資者にとっては，たとえ実際に株式市場が僅かな非効率性を残していたとしても，結果的には市場が完璧に効率的であるのと同じである。

●注 ───────

1　会計利益の実際の持続性は，将来年度の利益 E_{t+1} を当期利益 E_t に対して回帰した次式の係数 a_1 によって把握される。

$$E_{t+1} = a_0 + a_1 E_t + v_{t+1}$$

他方，異常リターン AR_{t+1} と期待外利益（$E_{t+1} - a^*_0 - a^*_1 E_t$）の間には相関関係が存在するから，次式の回帰分析を実施すれば，会計利益の持続性に関して株価に反映された市場の予想を a^*_1 として推定することができる。

$$AR_{t+1} = \beta(E_{t+1} - a^*_0 - a^*_1 E_t) + \varepsilon_{t+1}$$

もし市場が効率的であれば，市場は利益の持続性についても正しく評価して株価形成に反映させているはずであるから，実際の持続性 a_1 と株価に反映された持続性 a^*_1 は，有意には相違しないであろう。

　分析結果は，$a_1 = 0.841$ および $a^*_1 = 0.840$ と推定され，両者は有意には異ならず，市場は会計利益の持続性を的確に株価形成に反映させていることが判明した。しかし，発生主義会計の当期純利益を，営業キャッシュフローと会計発生高に分割して分析を繰り返したところ，市場は会計発生高の持続性を実際（0.765）よりも過大に評価（0.911）しており，逆に，営業キャッシュフローの持続性を実際（0.865）よりも過小に評価（0.826）していることが発見された。

—— 第 **8** 章 ——

利益調整による株価形成の誤導

　前章では，株価が公表済のいくつかの会計情報を完全には反映しておらず，その情報項目に基づく投資戦略の展開により，超過リターンの獲得が可能なことを報告する学術研究の結果を，会計アノマリーとして提示した。また，そのようなアノマリーが生じる原因に関する有力な見解として，会計情報の分析と利用に必要な時間と専門能力が情報利用コストとなって，市場の効率性を阻害しているという考え方を紹介した。

　本書で考察している利益調整については，その推定や分析に高度な専門知識を要するため，一般投資者にとって情報利用コストは決して小さくない。この結果，企業が意図的に行った利益調整によって，市場での価格形成が誤導されているのではないかという懸念が，この章の問題意識である。

第1節　裁量的発生高のアノマリー

1　利益調整部分の影響の分離

　前章では Sloan [1996] が提示する次のような会計発生高アノマリーに言及した。発生主義の会計利益を，営業活動からのキャッシュフローと会計発生高に区分した場合に，会計発生高がプラス値で相対的に大きな割合を示すグループは，割高株になっており，その後の株価が低下して超過リターンがマイナス値

になる。逆に，会計発生高がマイナスのグループは，割安株になっていて，その後の株価が上昇して超過リターンがプラスになるというのが，このアノマリーの内容である。

　Sloan [1996] は，このアノマリーの原因が，会計発生高の持続性に関する市場の認識の誤りにあることを示す証拠を提示している。実際には持続性が低い会計発生高のおかげで，当期純利益が表面的に好業績を示している場合でも，市場はそれが持続するものと誤認して株価の上昇を期待し，その銘柄が割安株であるという誤った判断を下している。逆に，マイナス側の会計発生高に起因して，当期純利益が一時的に悪業績を示している場合には，市場は悪業績が持続して株価が下落すると予想し，その銘柄が今は割高株であるという誤った判断を下している。これらの誤った判断は，会計発生高が持続しないことが判明した時点で修正され，株価が逆方向に変動するというのである。

　アノマリーの原因とされる会計発生高は，非裁量的な部分と裁量的な部分に大別することができる。このうち裁量的な部分が，企業による意図的な利益調整を反映するとみなされている。会計発生高の全体を対象として Sloan [1996] が行った研究を発展させ，会計発生高を①必然的に生じる非裁量的な部分と，②利益調整を反映した裁量的な部分に区分することによって，分析を精緻化したのは Xie [2001] である。**図表 8 - 1** の灰色の棒グラフは，利益調整（裁量的発生高）の大きさに基づいてサンプル企業を同数ずつ含む10個のグループを形成した場合に，その後の１年間に各グループから生じる超過リターンを示している。利益調整がマイナス値（利益圧縮）の銘柄から構成されるのがグループ１であり，利益調整が最大（利益捻出）の銘柄から構成されるのがグループ10である。図表には併せて，①現金主義と発生主義の相違から必然的に生じる非裁量的発生高の大小に基づいて10個のグループを形成した場合の結果が，白色の棒グラフで示されている。

　この分析結果が最も明白に示しているのは，Sloan [1996] が提示した会計発生高アノマリーの源泉が，利益調整部分（裁量的発生高）に存することである。非裁量的発生高に基づいてグループを形成しても，グループ間の超過リターンには明白な差異は生じていない。しかし利益調整部分に基づいてグループ形成した結果は，利益を圧縮する方向で利益調整をしたグループ１や２の銘柄が値

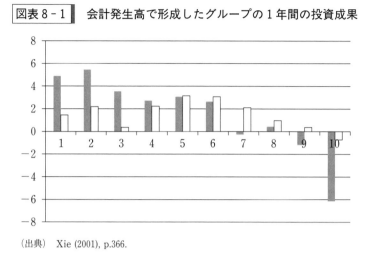

図表 8 - 1　会計発生高で形成したグループの 1 年間の投資成果

（出典）　Xie (2001), p.366.

上がりしてプラスの超過リターンを生じ，利益調整を通じて多額の利益を捻出したグループ10の銘柄は値下がりしてマイナスの超過リターンを生じる傾向を強力に示している。

　この結果が，各項目の持続性に関する市場の認識の誤りに起因するといえるか否かを確認するため，Xie [2001] は当期純利益を，営業キャッシュフロー，非裁量的会計発生高，および裁量的会計発生高に 3 区分して，Sloan [1996] の手法を適用した。それによれば，(1)市場は営業キャッシュフローの持続性を，実際よりも小さく評価して株価形成を行い，(2)非裁量および裁量部分の会計発生高の持続性は，いずれも実際より大きく評価しており，(3)なかでも裁量的会計発生高の持続性については，誤った評価（過大評価）の度合いが 3 要素中で最大であった[1]。

2　日本市場でのアノマリー

　裁量的会計発生高に関して Xie [2001] が報告するアノマリーは，アメリカ市場への上場企業の分析から得られたものであるが，日本の株式市場についても次の研究において同様の証拠が提示されている。

Muramiya, Katsuhiko, Kazuhisa Otogawa and Tomomi Takada, "Abnormal Accrual, Informed Trader, and Long-Term Stock Return: Evidence from Japan," *RIEB Discussion Paper Series* (Kobe University), No. 233 (2009).

この研究のサンプルは，東京証券取引所に上場されている3月決算企業の2001～2006年の年次決算のうち，所定の条件を満たす7,315個の企業・年度である。各サンプルは本書の第3章第6節で紹介したジョーンズ・モデルに従って，利益調整部分（裁量的会計発生高）を推定したうえで，［裁量的会計発生高÷資産総額］の大きさに従って，同数のサンプルから構成される5個のグループに分割されている。ここでは，利益調整がマイナスのため最も利益圧縮的なグループを①とし，逆に，利益調整が最大のプラスで最も利益捻出的なグループを⑤と表記することにする。①～⑤の各グループに投資した場合の結果を把握するため，グループ形成後の超過リターンが集計される。集計の開始時点は，3月決算企業の有価証券報告書の提出期限が6月末であることを考慮して，各年の7月からである。

図表8-2は，利益調整の大小によって形成された5グループについて，その後1年間に生じる超過リターンを示している。東京市場に上場する日本企業に関するこの結果も，Xie［2001］と基本的に同じである。マイナス方向の利益調整によって利益圧縮しているグループ①からは，その後の株価の値上がりによって＋3.8%の超過リターンが生じ，裁量的会計発生高による利益捻出が大きいグループ⑤からは，その後の株価の値下がりによって超過リターンは－1.6%を記録している。したがって利益調整がマイナスの銘柄①を買い，利益調整が大きくプラスの銘柄⑤を売ることにより，有価証券報告書が提出されてから1年間の超過リターンが5.4%に達するのである。したがって東京市場でも利益調整（裁量的発生高）のアノマリーが存在することがわかる。以下ではこれを「**利益調整アノマリー**」とよぶことにする。

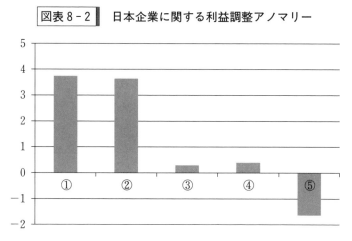

図表8-2　日本企業に関する利益調整アノマリー

	①圧縮	②	③	④	⑤捻出
利益調整の大きさ	▲0.09	▲0.02	±0.00	＋0.02	＋0.08
超過リターン（％）	＋3.8	＋3.7	＋0.3	＋0.4	▲1.6

（出典）　Muramiya et al. (2009), p.31.

第2節　利益調整の反転

1　利益調整に関する市場の理解不足

　裁量的会計発生高のアノマリーは，市場での株価変動が次のようにして生じていることを想像させる。たとえば，企業が会計上の利益調整を活用して捻出した利益を報告しても，市場はそれが意図的な利益調整によって捻出されていることを認識しないから，市場で株価が維持されたり上昇したりするのではないか。逆に，第1章で議論したビッグバス会計のように，企業が会計上の利益調整を活用して圧縮した利益を報告（または赤字幅を拡大）しても，市場はそれが意図的な利益調整によって生じていることを理解せず，表面上の報告損益額に単純に反応して，市場で株価が下落しているのではないか。

ただし多額の利益調整により報告利益を捻出したグループは，その後に株価が下落してマイナスの超過リターンを生じており，逆に，報告利益を圧縮する方向で利益調整をしたグループは，その後の株価が上昇してプラスの超過リターンを生じている。すなわち市場での株価形成は，企業の利益調整に誤導されて，いったんは市場の誤った判断で割安・割高の銘柄を発生させるが，その誤りが少なくとも1年の期間を経て事後的に矯正されるかのごとくである。株価形成の事後的矯正ともいうべきこのような現象は，どのようにして生じているのであろうか。

　その原因となるであろう重要な事実は，「利益調整の反転」ともいうべき発生主義会計のメカニズムである。本書の第2章第3節で議論したシュマーレンバッハの『動的貸借対照表論』における「一致の原則」を引き合いに出すまでもなく，毎期の収益と費用は，企業の全存続期間における収入と支出を，各会計期間に配分した額にすぎない。収入・支出が，ある会計期間に収益・費用として過大（過少）な金額で配分されると，別の年度に収益・費用として配分される金額は，その分だけ少なく（多く）ならざるをえないのである。

　これを利益調整に当てはめると，(1)会計方針の意図的な選択や変更による利益調整も，(2)会計上の見積りに乗じた利益調整も，利益捻出または利益圧縮のいずれか一方だけの効果を永続させることはできず，報告利益が逆方向への影響を受ける時期が，将来時点で必ず到来するという事実が重要である。

2　会計方針の選択と変更の影響の反転

　はじめに，(1)会計方針の意図的な選択や変更の影響に関する一例として，定額法と定率法の間での減価償却方法の選択と変更について考える。ここでは利益額への影響を具体的に考察するために，取得原価100万円，残存価額ゼロ，耐用年数5年の有形固定資産について，最初に選択した方法を最後まで継続適用する場合と，第3年度の期首時点で，一方から他方へ変更する場合を対比する。図表8-3は，減価償却方法の当初の選択と事後的な変更を組み合わせた4通りのケースのそれぞれについて，第1～5年度の減価償却費の試算結果を示している。

　いま，当初選択に関して定率法①と定額法③を対比すると，定額法では毎期

| 図表8-3 | 減価償却方法の選択と変更の影響 |

年度 会計方針の選択と変更	1	2	3	4	5
①定率法を継続適用	400,000	240,000	144,000	108,000	108,000
②3年目に定率法から定額法へ 変更	400,000	240,000	120,000	120,000	120,000
③定額法を継続適用	200,000	200,000	200,000	200,000	200,000
④3年目に定額法から定率法へ 変更	200,000	200,000	400,200	133,267	66,533

　同額の減価償却費が計上されるので，他の条件が等しい限り，毎期の利益額が同額になるが，定率法を選択すれば初期に多額に計上される減価償却費が，年度の進行に伴って減少するので，報告利益額が示す企業業績は，初期には低迷していても将来には改善へと反転する。

　次に利益調整のため，第3年度の期首で変更した場合を考える。定率法から定額法への変更②は，変更した第3年度の減価償却費を圧縮して利益を捻出するのに役立つが，第4・5年度には早くも減価償却費が，変更しなかった場合よりも大きくなって，利益捻出の意図に反する結果が生じている。利益調整が報告利益に及ぼす影響に関して，反転が生じたのである。同様に，利益圧縮を目的として第3年度に定額法から定率法へ変更した④の場合は，変更した第3年度の減価償却費が増加して利益圧縮の意図が達成されるが，第4・5年度には早くも減価償却費が，変更しなかった場合よりも小さくなって，利益圧縮の意図に反する結果が生じている。これもまた利益調整の影響の反転である。

3　会計上の見積りの影響の反転

　次に，(2) 会計上の見積りに乗じた利益調整についても，報告利益に対する影響の反転が生じることを確認しておこう。そのような事例は枚挙にいとまがないほど多いが，直観的理解が最も容易なものとして，貸倒引当金の見積りを例示する。いま業績と経済環境が安定している企業を想定して，毎期末に1,000の

売上債権が計上されているうち，翌期に回収不能になる割合が３％と見積られているとする。

もし利益調整を行わないのであれば，毎期末に［(借) 貸倒引当金繰入 30/ (貸) 貸倒引当金 30］という会計処理を通じて，毎期の損益計算書に貸倒引当金繰入額が30ずつ，販売費及び一般管理費の１項目として計上され，翌期の貸倒れ発生時には［(借) 貸倒引当金 30/(貸) 売上債権 30］として引当金が取崩される。これに対し，回収不能割合が３％と見積るのが正当であるところを，利益捻出のためにこれを意図的に１％と低く見積った場合の帰結を考えよう。このとき当期末の損益計算書では，貸倒引当金繰入額が10として費用計上されるため，報告利益額は20だけ増加する。しかし翌期の貸倒れ発生時には，回収不能となった30の売上債権に対し，貸倒引当金は10しか準備されていないので，不足分の20が貸倒損失として費用に追加計上されるとともに，期末には再び［売上債権1,000×３％＝30］の貸倒引当金繰入が必要であるから，翌期の費用額は［20＋30＝50］となる。したがって第１年度で20の利益捻出をした影響が反転して，第２年度の利益が同額だけ減少するのである。

同様の反転効果が，もっと複雑な過程を経て生じる事例として，次に工事進行基準による収益認識を例示する。いま建設会社が契約価額1,000でビル建設を請け負い，２年間で完成引渡しするまでに要する工事費用が，第１年度450，第２年度350であると仮定する。しかし企業は部外者が将来の工事費用の見積りの適否を判断するのは困難であることに乗じて，第１年度末までの工事費用450が確定した段階で，第２年度に追加的に生じる工事費用額を意図的に150として少なく見積ったとする。**図表８-４**は，この会計上の見積りが報告利益に及ぼす影響を要約したものである。

工事進行基準のもとでは，［発生済工事費用÷総工事費用の見積額］として算定された工事進捗度に従って，請負工事の契約価額を各期に配分して工事収益が計上される。図表８-４の仮設例では，工事費用総額を800ではなく600として低く見積もることにより，第１年度の進捗度が56.15％から75％へと引き上げられ，より多額の工事収益と利益が計上されている。しかし第２年度では，残額の工事収益に対して多額の工事原価が対応付けられて，利益は赤字に陥ってしまう。総工事費用の正当な見積額に基づく場合に比べて，第１年度の利益が過

年度	正当な見積り 工事費用：450＋350＝800	利益捻出のための偏向した見積り 工事費用：450＋150＝600
1	工事収益　1,000×(450÷800)＝562.5 工事原価　　　　　　　　　　　450.0 利益　112.5	工事収益　1,000×(450÷600)＝750.0 工事原価　　　　　　　　　　　450.0 利益　300.0
2	工事収益　1,000−562.5　　＝437.5 工事原価　　　　　　　　　　　350.0 利益　　87.5	工事収益　1,000−750　　　　＝250.0 工事原価　　　　　　　　　　　350.0 利益▲100.0

大計上されたのと同額だけ，第 2 年度の利益を引き下げる反転効果が生じたのである。

第 3 節　マーケット・マイクロストラクチャー研究

1　アノマリーのシナリオ

　前節で考察した若干の例示が示すとおり，企業の意図的な利益調整の手段として，①会計方針の選択と変更，および②会計上の見積りの偏向のいずれが用いられる場合も，ある年度における利益捻出的な（利益圧縮的な）会計処理は，それによって捻出（圧縮）されたのと同額だけ，将来の年度の利益を減少（増加）させるという「反転効果」を伴っている。

　しかし利益調整が有するこのような反転効果を正しく理解するには，財務会計に関する高度な専門的知識が必要とされる。したがってそのような情報処理能力をもたない多くの一般投資者は，利益調整の影響を分離することなく，表面上の報告利益額だけを鵜呑みにして，割安株と割高株を誤って認識している可能性が高い。

　もし現実の市場がそうであれば，利益調整の反転効果を周知している投資者は，次のようにして超過リターンを獲得することができ，これが第 1 節で指摘

した利益調整（裁量的会計発生高）アノマリーの実態であると考えられる。利益調整の反転効果を周知している投資者は，利益調整によって当期は好業績が報告されている銘柄でも，将来はそれが反転して報告利益が減少するという判断を下すことができる。したがって値下がり前の高価格で売却し，値下がり後に買い戻す信用取引（空売り）から，超過リターンの獲得が可能である。逆に，利益調整によって当期は報告利益が圧縮されている銘柄については，業績不良が持続するという誤った判断によって株価が割安になっているうちに購入すれば，将来は反転効果で報告利益が増加して値上がりするので，超過リターンを達成することができるのである。

　ただし，このシナリオが現実妥当性をもつには，多くの投資者が利益調整の有する反転効果を理解しておらず，もっぱら表面上の報告利益を額面通りに受け止めて企業業績を判断し，株式売買を行っているという条件が満たされなければならない。これに対して現実の市場では，収集した情報を高度な専門知識に基づいて分析し解釈する能力に長けた多くの証券アナリストや機関投資家が存在する。また個人投資家であっても，証券アナリストが提供する加工情報を活用して投資意思決定を行うことができる。そのような市場でも利益調整（裁量的会計発生高）アノマリーが観察される現実は，どう理解すればよいのだろうか。

2　マーケット・マイクロストラクチャー研究の意義

　証券市場に参加する投資者は一様ではない。優れた情報収集能力と情報を分析して経済的含意を導出するための高度な専門的知識を有する人材を多く雇用する機関投資家もいれば，資金力・情報収集能力・専門的知識のいずれにおいても，機関投資家に大きく見劣りする多数の零細な一般投資者も，証券市場での取引に参加する。

　それにもかかわらず，第6章と第7章で紹介してきた財務会計の実証研究の大部分は，市場参加者が同質的なグループであるかのごとくに考え，その多様性を考慮することなく，株価変動や出来高などの集計データと平均値による指標を分析対象としてきた。しかし資本市場が，多数の一般投資者の参加を得て公正な価格形成を通じた効率的な資金配分の機能を発揮するためには，とくに

情報劣位にある一般投資者に焦点を当てた研究が必要とされる。

　これを行おうとするのが「**マーケット・マイクロストラクチャー研究**」である。そこでは，市場取引のメカニズムや各種の取引参加者に生じる損得など，明示的な取引ルールの下で資産が交換されるプロセスやその帰結が，理論と実証の両面から分析されている。本書の課題に即していえば，市場における所定の取引メカニズムが証券価格の形成プロセスや市場参加者の利益に及ぼす影響を分析したマーケット・マイクロストラクチャー研究により，利益調整をめぐる財務報告の制度設計に役立つような知見を得ることが期待される。

3　東京証券取引所の取引メカニズム

　マーケット・マイクロストラクチャー研究の成果を理解するには，市場取引の仕組みや市場参加者の損得に関する予備知識が必要である。そこでここでは以下での議論を理解するのに必要な範囲で，東京証券取引所における株式売買取引のメカニズムを，音川和久教授の『投資家行動の実証分析：マーケット・マイクロストラクチャーに基づく会計学研究』（音川 [2009]）に基づいて要約しておこう。

(1)　投資者からの注文による価格形成
　ニューヨークなどアメリカの主要市場では，マーケット・メーカーとよばれるディーラーが，株式売買を行おうとする投資者に対して，連続的に自己の気配相場（quote）を提示して価格形成を促進することから，クオート・ドリブン型市場とされる。しかし東京市場にはマーケット・メーカーは存在せず，投資者からの売買注文（order）を突き合わせて価格が決定されることから，オーダー・ドリブン型の市場である。

(2)　指し値注文と成行き注文
　投資者からの注文には，買い注文と売り注文がある。また取引価格を指定するか否かにより，**指し値注文**（たとえば，200円で1,000株を取引したい）と**成行き注文**（たとえば，価格はいくらでもよいから1,000株を取引したい）に分類される。買い注文と売り注文は，価格が合致する部分について，取引が成立（約定という）

したものとされる。

どの買い注文とどの売り注文の間で取引が成立したかを決めるには，次のルールが適用される。①買い注文と売り注文のいずれであれ，取引価格を指定する指し値注文よりも，取引価格を指定しない成行き注文が優先される。②指し値注文のうち買い指し値注文については，より高い取引価格を指定する注文が優先され，売り指し値注文については，より安い価格を指定した注文が優先される。③指定価格が同じであれば，より早く受け付けた注文が優先される。

(3) 板寄せとザラバ

東京市場の取引時間は，前場（9：00～11：00）と後場（12：30～15：00）[2]に分かれており，これらの時間帯の最初と最後には「板寄せ」という取引メカニズムが採用され，それ以外の時間帯では「ザラバ」という取引メカニズムが適用される。板寄せは，その時点で投資者から出されている買い注文と売り注文を一括して対応づけることにより，前述のルールに基づいて取引を成立させる方式であり，始値と終値はこの方式で決定される。

他方，ザラバは，新しい注文が市場に到来するつど，前述のルールに基づいて，買い注文と売り注文の価格が一致した部分について，取引を成立させる方式である。指し値注文のうち取引の成立に至っていない注文の情報（指し値価格と注文株数）は，**図表8-5**が例示するような「板」とよばれる様式で整理され公表される。

図表8-5 **ザラバの板の例示**

買い注文株数	指し値価格	売り注文株数
	202	1,000
	201	2,000
	200	
	199	
3,000	198	
1,000	197	

⑷　気配価格

　取引の成立に至っていない注文のうち，買い注文で指定された価格（図表8‐5の例では198円や197円）が，買い気配価格（bid price）であり，売り注文で指定された価格（この例では202円や201円）が，売り気配価格（ask price）である。最低の売り気配価格（201円）と最高の買い気配価格（198円）の相対的な乖離度を次式に従って計測した尺度は，「**ビッド・アスク・スプレッド**（bid-ask spread）」とよばれる。

$$\frac{最良の売り気配価格 - 最良の買い気配価格}{両者の平均値} = \frac{201-198}{(201+198) \div 2} = 0.015$$

また指し値注文として出されている株式数の合計（図表8‐5では，買い注文4,000株＋売り注文3,000株＝7,000株）を「**デプス**（depth）」という。

⑸　ティック・データ

　日本でマーケット・マイクロストラクチャー研究を行うのに必要なデータは，日本経済新聞社が提供する『個別株式ティック・データ』から入手可能である。このデータベースには，東京証券取引所に上場する銘柄の1996年3月11日以降の売買注文に関するデータが収録されており，売買取引が成立するつど，また気配価格や注文株数が変化するつど，それぞれのデータが更新された状態で収録される。そのデータ量は1日当たり数百万件にも達する高頻度データ（high-frequency data）である。なおティックという名称は，時計の秒針の歩みを表すチクタク（tick-tack）に由来する。

⑹　成行き注文の分析視点

　他人が知らない情報を自分がもっていると考える投資者は，指し値注文ではなく成行き注文を出すことにより，株価が動かないうちに迅速に取引を成立させるのが賢明である。指し値注文を出したのでは，売買注文の突合せによる取引の成立が，成行き注文より後回しにされる。また指値の水準によっては，自分だけが秘密裏に入手した情報の内容について，他の投資者に勘繰られて感づかれてしまう危険もある。情報優位者はこのように考えて成行き注文を出す傾向が強いから，情報に精通した投資者の行動を検討するには，成行き注文のデー

タの分析が適している。

⑺　指し値注文の分析視点

　情報に精通しない投資者が抱く懸念の1つは，情報に精通した投資者との取引によって，自分が思いがけず損失を被るかもしれないことである。そのような損失から自分を守る方法は，少なくとも2つある。1つは，株式市場での取引を手控えることである。いま1つは，売買取引の注文を出すに際して，買い注文は指し値を低く設定し，売り注文は指し値を高く設定することである。

　この結果，情報劣位者が市場参加者間での情報格差を強く感じるほど，注文株式数は減少し（デプスの減少），売り指し値と買い指し値の乖離は大きくなる（ビッド・アスク・スプレッドの拡大）ものと思われる。したがって指し値注文のデータの分析は，市場における投資者間の情報格差の認知状況を検討するのに適している。

第4節　情報精通者と非精通者

1　情報精通者の活動

　前節では，利益調整に関するアノマリーの原因として，多くの一般投資者が利益調整の反転効果を認識することなく，表面上の報告利益で割安株・割高株を判定している可能性に言及した。しかし現実の市場では，収集した情報を高度な専門的知識を活用して分析し解釈する能力に長けた多くの証券アナリストや機関投資家が存在する。そのような人々を「**情報に精通した投資者**（informed investors）」として特徴づけるとすれば，その他の人々は「情報に精通しない投資者（uninformed investors）」として区別される。

　このとき，これら2通りの投資者が混在する株式市場で，利益調整をめぐるアノマリーが観察される状況を，説得力を持って説明しうるシナリオとして，次のような仮説を考案することができる。それは，市場に上場されている株式銘柄ごとに，その取引に関与する投資者全体に占める情報精通者と情報非精通

者の割合が異なっており，情報精通者の取引割合が高い銘柄では，利益調整の
アノマリーの程度が低く抑制されているのに対し，情報精通者の取引割合が低
い銘柄では，誤った価格形成が矯正されないまま放置されて，利益調整のアノ
マリーの程度が大きくなっている可能性である。

　この仮説は，情報精通者が売買を主導する銘柄では価格形成の誤導は生じて
おらず，利益調整による価格形成の誤導は，情報精通者の関与する取引の割合
が低い銘柄から生じている可能性を想定している。前掲の Muramiya et al.
[2009]は，PIN と略称される指標を用いて情報精通者の取引割合を銘柄別に把
握することにより，東京市場に関してこの仮説と整合する証拠を提示している。

2　PIN

　PIN（Probability of INformed trading）は，上場されている株式銘柄別に，
次式に従って算定される尺度である。この尺度により，情報精通者の取引割合
を銘柄ごとに把握することができる論理は次のとおりである。

$$PIN＝\frac{情報精通者の成行注文で成立した取引回数}{成行注文で成立した取引回数の合計}$$

　この尺度の計算に必要なデータは，前掲の『個別株式ティック・データ』か
ら入手できる。このデータベースには，株式売買が成立するつど対応づけられ
た売買注文の情報や，残存している売買注文に基づく気配の価格と数量の情報
などが収録されている。ティック（Tick：歩み値）とは，株式などの価格につい
て時々刻々と変化する細かい値動きをいう。

　たとえばある銘柄の株式について，300円ちょうどに1件で10,000株の売り指
し値の注文が存在しており，そこに成行きで3,000株の買い注文が到来したら，
3,000株の取引が300円で成立する。その後さらに成行きで2,000株の買い注文が
追加されたら，その2,000株が300円で取引される結果，300円の売り指し値注文
が5,000株残る。このとき300円，300円と2回成立する取引の記録が**ティック**で
ある。

　このケースの場合，成立した計5,000株の取引は，売り指し値注文が存在して
いたところへ，成行きの買い注文が出されて成立しているので「買い手が主導
した取引」といえる。これをBと表記しよう。これとは逆に，買い注文が存在

しているところへ，成行きの売り注文が到来することによって成立した取引は「売り手が主導した取引」である。これをSと表記しよう。このとき特に理由がなければ，Bの取引の回数や株式数とSの取引の回数や株式数は，大きくは相違しないのが通常である。

　しかし株価を動かす新情報が到来すると，その情報に精通した投資者が新たな行動をとることにより，この状況には大きな変化が生じる。入手した情報が株価の値上がりを意味するなら，情報に精通した投資者は「成行きの買い注文」を出して，株価が値上がりしてしまう前に，素早くその株式を購入しなければならない。逆に，値下がりを意味する情報ならば「成行きの売り注文」を出して，株価が値下がりする前に，素早く売り払わなければならない。このような成行き注文による取引は，情報に精通した投資者が想定する水準に株価が到達するまで，何度でも繰り返されるであろう。したがってBの取引回数とSの取引回数は，どちらか一方に大きく偏ることになる。

　もちろん株価を動かす情報が到来するか否かにかかわらず，情報に精通しない投資者がランダムに出す成行き注文によっても取引は成立し，その数もBとSに含まれる。しかしこの部分が一方に大きく偏ることはないから，情報に精通しない投資者がランダムに出す成行き注文については，BとSの差の期待値はゼロである。

　成行き注文で成立したBとSの取引の差は「オーダー・インバランス」とよばれるが，情報精通者が入手した情報に基づいて追加的に出した注文の影響は，この数値に反映される。他方，情報精通者以外による注文も含めたすべての成行き注文が，前述の計算式の分母である。したがって日々のオーダー・インバランスの動向から，情報精通者の取引を推定し，それを成行き注文の合計数値で割算して得られる尺度によって，情報精通者による取引割合を推定することができると考えられる。

　このようにして算定されるPINは，株式の銘柄によって異なっており，株価を動かす情報が頻繁にもたらされたり，情報精通者の注目度が高い株式銘柄ほど，相対的に大きな値をとる傾向がある[3]。

第5節　情報精通者の取引によるアノマリーの消滅

1　情報精通者の取引割合による差異

　図表8-6は，前掲のMuramiya et al.[2009]が分析に用いたサンプルをPINの大きさに従って4グループに分類した場合の各四分位のPINの値を示している。第1四分位が14.8%，第2四分位が18.9%，また第3四分位が24.5%である。図表で「高PIN」として示されたグループは，情報に精通した投資者の取引割合が最も高い上位4分の1の企業から構成されるため，プロの投資者が取引を主導する銘柄群といえるかもしれない。それでもPINの値は50%を超えるほど圧倒的に高いわけではない。しかし下位4分の1の企業から構成される「低PIN」銘柄が，いずれも14.8%に満たないことと対比すれば，その差は大きい。

　図表8-6の下半分には，裁量的発生高の大きさに基づいて形成した5グループのそれぞれについて，3月決算企業が有価証券報告書を提出した翌月に相当

図表8-6　PINの分布状況

PINの分布状況

PINに基づく 4グループの形成	低PIN （アマ主導）	やや低	やや高	高PIN （プロ主導）
PINの四分位（%）	14.8%	18.9%	24.5%	

利益調整の大小グループ別の投資結果

	①圧縮	②	③	④	⑤捻出
裁量的発生高	▲0.09	▲0.02	±0.00	+0.02	+0.08
超過リターン（%）	+3.8	+3.7	+0.3	+0.4	▲1.6
PIN（%）	20.3	20.1	19.9	21.1	22.0
ベータ値	1.12	0.95	0.87	0.90	1.08

（出典）　Muramiya et al. (2009), p.31.

する各年の7月から始まる12か月間について集計した超過リターンの累計値が示されている（図表8-2の再掲）。①は利益調整によって報告利益を最も大きく圧縮しているグループであり、⑤は逆に報告利益を最も大きく捻出したグループである。5つのグループ間で利益調整の符号や大きさは異なるが、PINの平均値は相互に近似している。またグループ別のベータ値も理論上の平均値1.00と大きく異なってはいないから、超過リターンのグループ別平均値の差が、各グループのリスク量の差に起因するものでないことがわかる。

図表8-6は、この研究でサンプルとされた7,315個の企業・年の全部を裁量的発生高の大きさに従って5分類した結果を示しているが、超過リターンを集計する銘柄の範囲を、PINが最も低い4分の1の銘柄と、PINが最も高い4分の1の銘柄だけに限定した場合には、超過リターンの集計結果に大きな相違が生じる。その集計結果を要約したのが**図表8-7**である。

この結果によれば、情報精通者の取引割合が最も低い4分の1の銘柄(低PIN銘柄)については、①の利益圧縮グループの株価がその後に上昇してプラスの超過リターンを生じていることがわかる。逆に、⑤の利益捻出グループの株価は下落して、マイナスの超過リターンを生じている。①と⑤の超過リターンの差異（6.35%）は、統計的にも有意である。また、集計範囲を低PIN銘柄に限定した場合の超過リターンの大きさ（①の＋4.19%と⑤の▲2.16%の差6.35%）は、全サンプルを集計した場合（図表8-6の①の＋3.8%と⑤の▲1.6%の差5.4%）よりも、絶対値が大きい。

他方、情報精通者の取引割合が最も大きい4分の1の銘柄(高PIN銘柄)については、①の利益圧縮グループの方が⑤の利益捻出グループより、株価上昇の度合いが少し大きいが、その差は統計的にはゼロと有意には異なっていない。

図表8-7 アマチュア主導銘柄とプロ主導銘柄の株価形成の比較

利益調整の5区分	低PIN銘柄（アマ主導）			高PIN銘柄（プロ主導）		
	①圧縮	⑤捻出	差	①圧縮	⑤捻出	差
超過リターン（％）	＋4.19	▲2.16	＋6.35	＋0.82	＋0.24	＋0.59

（出典）Muramiya et al. (2009), p.32.

176

　この結果は，利益調整アノマリーが主として低 PIN 銘柄から生じており，高 PIN 銘柄についてはアノマリーが観察されないことを意味している。前述のとおり，高 PIN 銘柄は，入手した新情報に基づく投資戦略を迅速に実行するための成行き注文で成立する取引割合が高い銘柄であることから，機関投資家などのプロが取引を主導する割合が相対的に高い銘柄である。これに対し，低 PIN 銘柄は，情報精通者の取引割合が相対的に低い銘柄であるため，財務情報の分析や解釈についてはアマチュアである一般投資者が，取引を主導している銘柄であるといえる。したがって市場で利益調整アノマリーが存在していても，解消されることなく持続しているものと思われる。

2　情報精通者の貢献

　Muramiya et al.［2009］が提示する研究結果に基づけば，企業の利益調整と市場での株価形成をめぐる本章の論点は，次のように要約することができる。

　企業は会計基準が許容する範囲内で「利益調整」を行っており，その手段として「会計方針の選択や変更」および「会計上の見積りの偏向」が悪用されている。株式市場を全体として観察した結果によれば，そのような企業の意図的な利益調整によって，市場での株価形成は誤導されていることが判明した。すなわち利益調整によって捻出された利益部分でも，好業績を意味すると誤解されて，株価は割高に形成されている。逆に，利益調整によって利益が圧縮された部分でも，業績の悪化を意味すると誤解されて，株価は割安に形成されている。

　したがってこの事実を周知する投資者は，裁量的発生高の割合が大きくマイナス（利益圧縮）の銘柄を買えば，その後の株価上昇から超過リターンを獲得することができ，逆に，裁量的発生高の割合が大きくプラス（利益捻出）の銘柄を借りて売却したうえで，その後に株価が下落した時点で買い戻して借株を返却すれば，そこからも超過リターンを得ることができる。この投資戦略による年間の超過リターンは，5.4％にも達する。この現象は，利益調整（裁量的発生高）アノマリーとよばれ，市場が近似的にしか効率的でないことを表す科学的な証拠である。

　しかし株式市場では多くの証券アナリストが活動し，会計情報に精通した機

関投資家も取引に参加している。それなのになぜ，市場は企業の利益調整にまんまと騙されてしまうのか。これには，会計情報に精通したプロの投資者の関与度合いの低さが影響を及ぼしていることが懸念された。

そこで，上場銘柄を，情報精通者の取引割合が高い銘柄（プロ主導銘柄）と低い銘柄（アマチュア主導銘柄）に大別して再調査したところ，プロの投資者の取引割合が低い銘柄では依然としてアノマリーが観察されるが，プロの取引割合が高い銘柄ではアノマリーが観察されなくなった。この事実は，公表された財務諸表などの会計情報を，高度な専門知識に基づいて的確に分析・解釈し，迅速な投資戦略を開始する能力に長けたプロの投資者の行動が，株式市場の効率性を高めるのに貢献していることを示唆するものである。

3　情報に精通しない投資者の保護

情報精通者の取引は，市場の効率性を促進するために，所定の貢献をしていると思われるが，その過程で情報精通者が大きな投資利益を得ていることも容易に推測されるところである。

公表済の損益計算書の当期純利益とキャッシュ・フロー計算書の営業キャッシュフローの差額に対して，ジョーンズ・モデルなどを活用して裁量的発生高を利益調整部分として推定し，この指標に基づいて前述の投資戦略を展開すれば，情報精通者の取引割合が低い銘柄（低 PIN 銘柄）から，年間の超過リターンが 6％を超える可能性が残されているというのが実証分析の結果である。他方，情報精通者の取引割合が高い銘柄（高 PIN 銘柄）からは，そのようなアノマリーは観察されず，その超過リターンはすでに情報精通者によって獲得されてしまった後であると考えられる。

株式市場では投資利益をめぐってゼロサムゲームが行われているとすれば，情報精通者が獲得した超過リターンは，情報に精通しない投資者が被ったであろう損失と見合っている。情報に精通しない一般投資者の多くは，この事実を認識していないと思われるので，特に不公平感は感じていない可能性が高いが，情報精通者との間での株式取引からの損失の可能性に関しては，漠然とした不安を抱いているかもしれない。

その一方で，情報精通者の取引による市場の効率性の促進は，情報に精通し

ない一般投資者にも恩恵をもたらすものと思われる。利益調整アノマリーが残存する市場では，市場価格は本源的価値を反映しておらず，投資者は価値の低い株式を高い価格で購入したり，逆に価値の高い株式を低価格のまま売却して，損失を被ることがある。しかし高 PIN 銘柄が示すように，情報精通者の取引によって市場の効率性が高められていれば，一般投資者が利益調整を意識することなく株式売買を行っても，市場価格が本源的価値とほぼ一致しているから，それによって損失を被ることはない。Beaver［1973］がいう「効率的市場により，投資者が価格保護（price-protected）されている」状態が実現するのである。

その結果，多くの一般投資者が安心して株式取引に参加するようになれば，株式市場が有する資金配分機能は促進されるであろう。しかしこれとは逆に，利益調整アノマリーの存在が，一般投資者の警戒感を高めて，市場の機能を低下させることも懸念される。資本市場の資金配分機能を維持促進するために，次章では，企業による利益調整をめぐって留意すべき財務報告の制度設計に関する論点について考察する。

●注 ─────────

1　Xie［2001，p.363］が，利益構成要素の持続性に関する市場の認識誤りの程度を調査した結果は次のとおりであった。

	実際の持続性	株価への反映	両者の差
営業 CF	0.73	0.67	−0.06
非裁量の発生高	0.70	0.78	＋0.08
裁量的発生高	0.57	0.69	＋0.12

2　15：00は本書執筆時点。まもなく15：30まで延長される。

3　直観に反するかもしれないが，大型・有名株の PIN はむしろ低いことが，多くの研究で報告されている。これは，大型・有名企業のニュースが頻繁にメディアに取り上げられたり，財務報告自体も相対的に充実しているので，情報精通者がコストを支払ってまで株価を動かす新情報を収集する必要がなく，それらの銘柄では情報精通者が実力を発揮する余地が少ないためであると考えられている。

財務報告の制度設計

　企業の財務報告を研究対象とする財務会計論は，言うまでもなく社会科学に属する1つの研究分野である。自然科学が，人間の活動によっても変化することがない自然界に内在する法則の発見を目的にするのに対し，社会科学の研究対象は，人間の活動や創意工夫によって変化する点で相違する。このため社会科学では，法律や経済活動などに関する社会の仕組みやルールの新設改廃に関する考察が重要な研究課題となり，そのような考察は「制度設計」とよばれている。制度設計に関する研究では，社会のルールや仕組みの現状を説明し将来を展望するための概念の提示や，社会制度を構成する諸要因の間の因果関係の把握が不可欠である。

　そのような観点から本章では，利益調整に焦点を当てつつ，企業の財務報告制度の基盤を構成する会計基準や監査制度をめぐる論点について考察する。

第1節　制度設計の視点

1　弱小投資者の保護

　現代社会で経済的な影響力が最も大きい上場会社の財務報告制度について，その確固たる根拠となっているのが，金融商品取引法がその第1条で明示する次の目的規定である。

「この法律は，企業内容等の開示の制度を整備するとともに，金融商品取引業を行う者に関し必要な事項を定め，金融商品取引所の適切な運営を確保すること等により，有価証券の発行及び金融商品等の取引等を公正にし，有価証券の流通を円滑にするほか，<u>資本市場の機能の十全な発揮による金融商品等の公正な価格形成等</u>を図り，もって国民経済の健全な発展及び<u>投資者の保護</u>に資することを目的とする。」
（下線は筆者）

　この規定に照らして考察すると，前章で紹介した利益調整アノマリーの証拠は，次のように解釈することができる。

　企業による意図的な利益調整部分として推定された裁量的会計発生高によって，株式市場での価格形成は全体として誤導されているが，その程度は銘柄によって異なっており一様ではない。情報精通者の取引割合が相対的に小さい銘柄では，そのような誤った価格形成が矯正されることなく持続している。しかし情報精通者の取引割合が相対的に大きな銘柄では，情報精通者が利益調整部分を分離して会社の業績利益を評価し，それに基づいて割安株と割高株を発見して株式売買を反復するため，株価形成の誤りが矯正されて，アノマリーが観察されなくなっている。このようにして株価形成の誤りが矯正される過程で，情報に精通した投資者は大きな超過リターンを獲得しているが，情報精通者が獲得した投資利益は，情報に精通しない投資者が被ったであろう損失と見合っていると考えられる。この事実は，上で引用した金融商品取引法が言及する投資者保護のあり方を考えるうえでも重要である。

　投資者保護については，少なくとも次の2つの視点を区別することができる。第1は，本書の第4章で紹介したアカロフの「レモンの市場」論文で言及されているとおり，企業が新株式等を売出して資金を調達する発行市場では，売り手の企業が自社の財務内容について，買い手の投資者よりもはるかに情報的に優位な状態にある。したがって投資者は相対的に被害を被りやすい経済的弱者であるから，取引される株式等の品質に関する情報公開を通じた保護が必要であると考えられている。この考え方は，発行済の株式等が投資者間で売買される流通市場でも，情報に精通しない一般投資者の方が，情報に精通した投資者に比して弱者であるから，一般投資者の保護に関して特別な配慮が必要であるとの考え方とも整合する。

　このような考え方は「弱小投資者保護論」として特徴づけることができるであろう。この基礎に存在するのは，弱者は保護されるべきであるという倫理観である。

2　市場機能の促進

　しかし弱小な一般投資者といえども，決して一方的に損失を被ってしまうだけの無防備な存在ではない。一般投資者であっても，損失が予想される場合には，それを回避するために少なくとも次の2つの対抗策をとることができる。

　第1に，弱小な一般投資者は株式市場での取引を手控えることで，損失のリスクを避けることができる。一般投資者が保有する貯蓄は，銀行預金にしてもよいし不動産投資に振り向けることもできる。しかしこのようにして一般投資者が株式市場から退出して市場参加者数が減少すると，取引が成立しにくくなって，市場の価格形成機能は弱められる。またビーバー教授（Beaver [1981]，p.162）が言及するように，多様な予想をもつ投資者の相互作用により，市場価格が本源的価値に近似するようになるという効果も期待しにくくなる。

　弱小な一般投資者が採用しうる第2の手段は，売買取引の注文を出す場合に，安全のための余裕幅を考慮して，取引の希望価格を指定することである。すなわち買い注文を出すに際しては，価値の低い銘柄を高い対価を払って買わされることがないように，指し値を低く設定しておけばよい。他方，売り注文では，高い価値を有する銘柄を安い価格で売ってしまうことがないように，指し値を高く設定すれば安心である。

　しかしこの結果として，買い指し値が引き下げられ，逆に売り指し値が引き上げられると，両者は乖離したまま合致しにくくなり，取引が成立しない可能性が高まる。アカロフが中古車取引を用いて例示しているように，中古車の品質を周知している売主が，真実価値に近い100万円の売値を提示しても，欠陥品の可能性を疑う買主が70万円の買値しか提示しなければ，結果的に取引は成立せず，売主がその中古車の販売を取り下げてしまうという事態がそれである。この場合もまた市場の機能が低下してしまうであろう。

　このように考えると，企業内容開示制度を通じた投資者保護の理念としては，損失を被りやすい弱小な一般投資者の保護という倫理的な観点にとどまらず，

株式の公正な価格形成を通じて，資本市場に期待される経済全体の的確な資金配分の促進という目的までも視野に入れて考察することが重要である[1]。資本市場が資金配分機能を十分に発揮するには，弱小な一般投資者の保守的行動から資本市場が悪影響を受けるのを回避することが不可欠であり，そのための重要な手段として，一般投資者の保護が重視されるのである。前述の「弱小投資者保護論」に対して，この考え方は「**市場機能促進論**」と名づけることができるであろう。

　市場機能促進論が想定する市場の資金配分機能は，本書の第7章での効率的市場仮説への言及に関連して紹介した Fama (1970) に倣って，次のように説明することができる。人々の勤労によって蓄積された貯蓄が，生産の拡大や研究開発等のためにそれを必要とする企業へと，資本市場を通じて配分される場合に，その結果を左右するのが市場で成立している価格である。たとえば新株発行による企業の資金調達を考えると，株価が高い企業ほど，同数の株式を発行した場合に調達できる金額は大きくなり，したがってよりいっそう大きな資金配分を受けることになる。人々の貯蓄は，他の条件が同じである限り，それをよりいっそう大きく増殖させる能力を有する企業に対して，より多く配分されることが経済全体として望ましい。この結果が実際に達成されるには，株価が企業の本来の収益力を的確に反映して形成されている必要があり，意図的な利益調整によって価格形成が誤導されるようなことがあってはならない。一時的に歪められることがあっても，誤った価格形成は迅速に矯正されることが重要である。

　以下ではこのような市場機能促進論に立脚して，財務報告の制度設計について考察する。

第2節　会計基準

1　利益調整の手段とその抑制

　企業が実施した会計処理が「粉飾決算」と判定されることなく，「利益調整」

の範囲内にとどまるためには，一般に公正妥当と認められる会計基準が許容する限度内で，その会計処理が実施されている必要がある。したがって利益調整に焦点を当てて財務報告の制度設計を考察する場合に，最も重要な論点となるのは会計基準によって許容される会計処理の限度である。

　本書の第3章で検討したように，会計基準の許容範囲内で企業が利益調整を行う場合に利用することができる主要な手段には，①会計方針の選択と変更，および②会計上の見積りの偏向がある。

　したがって利益調整を抑制するための制度設計で検討すべき第1の論点は，会計基準が並列的に許容している会計処理方法の選択肢を削減することの可否である。選択肢を削減すれば変更による利益調整の可能範囲が狭まり，1つに限定すれば変更による利益調整の余地は消滅する。それにもかかわらず現行の会計基準が，いくつかの取引や事象について，複数の会計処理方法の選択と変更を許容している理由についても，すでに第3章で次のように議論されている。

　すなわち，複数の会計処理方法の許容は，企業の事業内容などビジネスの実態が多様であるため，それを描写する会計処理について複数のメニューを準備しておき，財務諸表の適正表示の目的に沿った経営者のベストな選択に期待するという考え方を基礎とする。また，そのようにしていったん選択された会計処理方法であっても，経済環境が変化すれば，ベストなものでなくなる場合もあるので，適正表示を回復するなど正当な理由があれば，会計処理方法の変更も許容しておかなければならないと考えられているのである。

　許容する会計処理方法の選択肢を削減すれば，意図的な利益調整を制約できるし，外見的には財務諸表の企業間比較の可能性が高まるというメリットが得られるであろう。他方，それに伴って企業によっては，取引や事象の実態に適合しない会計処理方法を採用せざるを得なくなり，財務諸表の適正表示や実質的な比較可能性が損なわれるというデメリットも懸念される。現行の会計基準が許容する会計処理方法の範囲が現在の状態になっているのは，会計基準の新設改廃の過程でこれらのメリットとデメリットが総合的に勘案され，関係者間で合意に至った結果である。

　利益調整を抑制するための制度設計の第2の論点は，会計上の見積りが不可欠な会計基準の導入と，その見積りの的確な実施を経営者に期待することの可

否である。減損会計や退職給付会計に代表されるように，近年に制定された会計基準のいくつかは，その実践適用に際して将来に関する難度の高い見積りや予測を必要とするものが多い。その一方で，それらの会計基準が財務諸表の適正表示に寄与した貢献度は極めて高いと思われる。

　また，それらの会計上の見積りが経営者に委ねられている背後には，それぞれの企業の将来のビジネスの状況に関して，見積り能力が最も高いのは経営者であるから，経営者によるベストな見積りを利益測定値に反映させることを通じて，財務諸表の適正表示を促進するという考え方が存在する。

　したがってここでもまた，経営者が独自に有する将来に関する見積りや予測を引き出して，それを反映させることにより，財務諸表の情報能力が向上するというメリットと，それが場合によっては意図的な利益調整のために悪用される危険というデメリットが総合評価されて，会計基準の新設改廃に関与する関係者間で合意に至った結果が，現在の状況であると考えられる。

2　利益調整に対する会計ビッグバンの影響

　利益調整に焦点を当てて会計基準のあり方を考察する場合の論点は，前述のとおり，①会計基準が並列的に許容している会計処理方法の選択肢を削減することの可否と，②会計上の見積りに困難を伴う会計基準の導入の可否である。考えうる制度設計上の選択肢には，メリットとデメリットが交錯しており，会計基準の新設改廃に関与する利害関係者の見解にも相違が見られ，合意形成は容易ではない。

　しかし日本には，この問題の考察に際して参考とすべき過去の重要な経験が存在する。それは西暦2000年を目標として推進され，のちに「**会計ビッグバン**」とよばれることになった会計制度改革である。会計ビッグバンの背後には，金融ビッグバンが存在する。

　金融ビッグバンは，1990年に始まるバブル崩壊で傷ついた日本の金融市場が，国際金融市場として復権することを目標として，日本で1996～2001年に行われた大規模な金融システム改革である。この背景には，バブル崩壊で表面化した間接金融方式の限界，および直接金融方式との併用の重要性に関する強い認識が存在した。このため「貯蓄から投資へ」という現在も続く経済政策のもと，

家計の貯蓄を証券投資へ向かわせるためのインフラストラクチャーの構築を目指して推進された会計制度改革が「会計ビッグバン」である。

　会計ビッグバンを構成した重要な制度改革としては，①会計基準の大規模な新設改廃を敢行したこと，②民間の会計基準制定機関として企業会計基準委員会が設立され，以前の企業会計審議会に代わって会計基準を制定するようになったこと，および③公認会計士監査を強化したこと（不正発見姿勢の強調，継続企業の前提への対処，リスクアプローチの導入など）が挙げられる。

　このうち本章の論点からみて特に重要なのは，西暦2000年を前後して始まった会計基準の大規模な新設改廃である。**図表9-1**は，2000年3月期から2003年3月期の間に強制適用された会計基準等を一覧表示したものである。記載した

図表9-1　会計ビッグバンを構成する会計基準

適用期	会計基準等	主要な内容
2000年 3月期	連結財務諸表原則	連結財務諸表を個別よりも優先 持株基準　→　支配力基準・影響力基準 子会社を時価評価してから連結
	連結CF計算書等の作成基準	なし　→　新規の公表義務
	研究開発費等に係る会計基準	資産計上も可能　→　発生時費用処理
	税効果会計に係る会計基準	なし　→　新規に導入
2001年 3月期	中間連結財務諸表作成基準	連結は年次のみ　→　年2回
	退職給付に係る会計基準	税法基準　→　退職給付債務に基づく引当計上
	外貨建取引等会計処理基準(改正)	貨幣性項目の流動非流動法　→　貨幣非貨幣法
	金融商品に係る会計基準	取得原価　→　所定項目の時価評価
2002年 3月期	金融商品に係る会計基準 　　　　　　（その他有価証券）	取得原価　→　時価評価
2003年 3月期	ASBJ基準1号：自己株式	自己株式と準備金取崩の会計処理の明示
	ASBJ基準2号： 　1株当たり当期純利益	1株当たり情報の算定方法の設定
	監査基準の改訂に関する意見書 　　　　　　（公表は2002年1月）	不正発見の姿勢の強化，GC前提への対処， リスクアプローチの徹底，監査報告書の充実

決算期は，会計基準の制定時期ではなく，早期適用等を経て最終的に企業がその年度の財務諸表の作成に際して適用しなければならなくなった最初の決算期を示している。なお図表には含まれないが，「固定資産の減損に係る会計基準」（2006年3月期），「企業結合に係る会計基準」（2007年3月期），「棚卸資産の評価に関する会計基準」（2009年3月期），および「四半期財務諸表に関する会計基準」（2009年3月期）も，多くの企業に大きな影響を及ぼした会計基準として重要である。

　これら一連の会計基準が，①会計方針の選択と変更，および②会計上の見積りの偏向に関連して，利益調整に及ぼしたと思われる影響として，次の3点を指摘することができる。

　第1は，いくつかの会計基準が企業の採用可能な会計処理方法の選択肢の幅を狭めていることである。たとえば有価証券や棚卸資産の期末評価基準として，会計ビッグバンの以前は原価基準と低価基準の間で自由選択が可能であった。しかし会計基準の新設により，一部の有価証券を除いて時価評価が幅広く導入され，棚卸資産の期末評価も低価基準に統一された。また新製品などの研究開発支出についても，以前は資産計上と費用処理という2つの選択肢があったが，2000年3月期以降は費用処理が強制されている。さらには他企業を合併する取引の会計処理でも，持分プーリング法が禁止され，パーチェス法だけが妥当な会計処理として存続することになった。これにより，会計方針の選択と変更を手段として企業が意図的な利益調整を行う機会は，以前に比べて格段に縮小されたと思われる。このことが利益調整アノマリーに何らかの影響を及ぼしたか否か，興味がもたれるところである。

　第2に，新設された会計基準により，それ以前は表面化していなかった未実現の損益を顕在化させ，計上時期の意図的な選択による利益操作を困難にしたことも注目される。たとえば多くの有価証券が取得原価で評価されていた時は，利益捻出が必要になれば未実現利益を有する銘柄を売却し，利益圧縮のためには未実現損失をもつ銘柄を売るなどして，報告利益を企業が望む水準に調整することが可能であった。また減損会計の基準は，固定資産の収益力の低下に起因する未実現損失を顕在化させ，特別損失計上の時期の先送りによる利益捻出を困難にしたであろう。

　その反面で，新設された会計基準は，以前には財務諸表に計上されていなかった項目を計測してオンバランス化することを求めているため，会計上の見積りとして企業が将来年度の予測を行うべき事象が著しく増加したことを，第3の注目点として指摘しておきたい。退職給付の会計基準の適用には，将来の給与水準や勤続年数など多くの項目の予測が必要とされ，減損会計の実践には固定資産がもたらす将来キャッシュフローの予測が不可欠である。税効果会計における繰延税金資産の回収可能性の評価も，将来の年度に関する課税所得額の予測に基づいて行われる。

　このことは企業がこれらの項目の会計上の見積りを意図的に偏向させることにより，報告利益を増減操作できる手段が増加したことを意味する。したがってそのような会計基準の新設は，利益調整アノマリーを拡大させた可能性がある。

　最後に，2000年3月期からキャッシュ・フロー計算書が正式な財務諸表の1つとして公表が求められるようになったことも重要である。これにより損益計算書の「当期純利益」と，キャッシュ・フロー計算書の「営業活動によるキャッシュ・フロー」を比較する方法で，会計発生高を直接的に算定することが可能となった。また多くの企業は間接法のキャッシュ・フロー計算書を公表したことから，減価償却費や引当金繰入額，および売上債権・棚卸資産・買入債務の増減など，会計発生高の内訳情報の把握も容易になった。これによって利益調整が牽制され，アノマリーが縮小した可能性も考えられるところである。

　このようにして会計ビッグバンは，①会計方針の選択と変更，および②会計上の見積りの偏向を手段とする利益調整に大きな影響を及ぼしたと考えられる。このことが利益調整アノマリーをはじめとして，株式市場での価格形成に及ぼした影響を把握することは，今後の制度設計を考えるうえで，極めて重要である。

第3節　会計ビッグバンは成功したか

1　利益調整アノマリーの縮小

　会計ビッグバンが会計基準の新設改廃を通じて利益調整や株価形成に及ぼした影響の有無や程度を把握するには，会計ビッグバンの期間を含む前後の長期間にわたり，利益調整（裁量的発生高）アノマリーの経年的な変化を観察するのが有益である。

　図表7‒1で要約されているとおり，裁量的発生高以外にも，効率的市場仮説とは整合しないアノマリーが数多く存在する。このうち北川教央教授による「会計アノマリーの経年変化」と題する研究（北川［2023］）は，会計情報項目に関連する14種類のアノマリーを対象として，1977年7月～2020年12月という極めて長期にわたる経年変化を調査している。以下で紹介するのは，14種類のうち利益調整アノマリーに関する調査の結果である。

　この調査は，金融業に分類される企業を除き，3月末を決算日とする日本の全上場企業をサンプルとして実施されている。アノマリーの指標となる超過リターンの集計方法は次のとおりである。①3月決算企業が6月末までに届け出た有価証券報告書に基づいて企業別に裁量的会計発生高を推定し，［裁量的会計発生高÷期首資産総額］として算定した利益調整の大きさに従い，サンプル企業を10個のグループに分類する。②裁量的会計発生高アノマリーによれば，利益調整が大きなマイナス値をとる下位10分の1の銘柄は，最も大きな値上がりが予想されるので購入することとし，逆に利益調整が大きなプラス値をとる上位10分の1の銘柄は，最も大きな値下がりが予想されるので売却することとする。③この投資戦略を採用した場合の超過リターンを，1か月単位で毎月算定して，1977年7月～2020年12月まで累積する。超過リターンは，銘柄ごとの実際の投資収益率から正常な投資収益率を控除して算定する。

　この調査の結果を図示したものが，**図表9‒2**の折れ線グラフである。グラフの横軸には，調査対象となった1977年7月～2020年12月が1か月単位で区切られている。縦軸は，前述の投資戦略を採用した場合の毎月の超過リターンを，

図表 9 - 2　利益調整アノマリーの経年変化

（出典）　北川（2023）。

1977年 7 月～2020年12月まで累計したものである[2]。この超過リターンが利益調整アノマリーの指標となる。したがって折れ線グラフが右上がりの急勾配であるほど，アノマリーは顕著であり，それが続くほど，年を経てもアノマリーが縮小することなく持続していると判断される。逆に，アノマリーの度合いが小さくなれば，折れ線グラフの傾きは小さくなり，アノマリーが消滅して株価形成が効率的になれば，グラフは水平に戻るのである。

　会計ビッグバンが2000年 3 月期を最初の目標時点として推進されたことを念頭におきつつ，折れ線グラフの傾斜度に注目すると，全体は**図表 9 - 3**が示す 3 つの部分期間に区分できそうである。この図表には， 3 つの部分期間別に折れ

図表 9 - 3　部分期間別の裁量的会計発生高アノマリー

部分期間	暦年	勾配係数の推定値	95％信頼区間
第 1 期間	1977～1999年	0.287	0.279～0.295
第 2 期間	2000～2009年	0.188	0.183～0.193
第 3 期間	2010～2020年	0.010	0.006～0.014

線グラフの勾配係数を最小二乗法で推定した値とその95％信頼区間が示されている[3]。

勾配係数に注目すると，会計ビッグバンの影響が始まった第2期間は，それ以前の第1期間に比べて勾配係数が約3分の2程度まで小さくなっており，利益調整アノマリーの度合いが縮小したことがわかる。第2期間におけるアノマリーの縮小は，会計ビッグバンによって利益調整の幅が制約された結果，市場での誤った価格形成の度合いが小さくなったというシナリオと整合する。

しかしこの証拠は，会計基準の新設改廃が原因となって，利益調整の抑制やアノマリーの縮小という結果がもたらされたという因果関係の存在を直接的に裏付けるものではない。得られた結果が，前述のシナリオと矛盾しないことの確認にとどまるだけである。また，前述のシナリオが的を射ているとしても，そのすべてが会計基準の新設改廃によるものではなく，同時期に敢行された公認会計士監査の強化が貢献している可能性も大きい。監査制度の強化による監査品質の水準と，利益調整の関係は次節で考察する。

なお図表9-2が示すもう1つの発見事項は，2009年以降の第3期間において，折れ線グラフがほとんど水平になり，このアノマリーが消滅したと考えられることである。北川［2023］によると，アノマリーのこのような経年変化は，①提出書類の電子化やアナリスト予想の充実に代表されるような情報処理コストの低下や，②アルゴリズム取引による取引高速化やヘッジファンドの拡充のような株式市場の変化など，多様な要因によってもたらされていることが言及されている。したがって，第2期間で利益調整アノマリーが縮小し市場の効率化が促進された原因として，会計ビッグバンによる会計基準の新設改廃の影響だけが過度に強調されないように留意しなければならない。

2　ビッド・アスク・スプレッドの縮小

財務報告の制度設計を考察するに際し，過去の会計ビッグバンの経験に学ぼうとする場合に，注目されるもう1つの視点は，会計ビッグバンがビッド・アスク・スプレッドに及ぼした影響の分析である。

ビッド・アスク・スプレッドは，市場に新しい注文が到来して取引が成立するつど，その直前に存在していた注文の売り気配値と買い気配値の乖離度［（売

り気配値−買い気配値）÷売り買い気配値の平均値］として算定される。この尺度は，弱小な一般投資者が情報精通者との間で存在するであろう情報格差について抱く懸念の大きさを把握するのに適すると考えられている。なぜならば，前述のとおり，情報格差への懸念が大きいほど，買い指し値は低く指定し，売り指し値は高く指定するという注文行動につながるからである。これを緩和する１つの有効な手段が，情報格差への懸念を払拭するような公表情報の充実である。

　会計ビッグバンを構成する個々の会計基準の中には，それまで一般投資者が知ることのできなかった情報の強制的な公表により，情報格差に関する投資家の懸念を緩和したと思われるものが，いくつも存在する。たとえば連結子会社の決定に関する支配力基準への変更は，持株比率の調整を通じた連結外しを封じて，業績不振な子会社の実態も連結財務諸表に反映させるのに役立ったであろう。金融商品の会計基準は未実現の時価評価差額を表面化させ，退職給付の会計基準は年金資産の積立不足を明らかにし，また減損会計基準は巨額の減損損失を利益測定に反映させる処理を確立した。したがってこれらの会計基準が，財務諸表を通じた企業実態の透明度の向上という効果を発揮できているのであれば，会計基準の施行後のビッド・アスク・スプレッドは，それ以前に比べて小さくなっているはずである。

　音川［2002］はこの調査を行い，会計ビッグバンの開始時期に相当する2000年を前後して，ビッド・アスク・スプレッドの縮小を示す証拠を提示している。この研究の概要は次のとおりである。東京証券取引所の上場企業のうち所定の条件を満たす2,328社をサンプルとして，1996年10月〜2001年９月までの各月に関して，その月より前の期間のビッド・アスク・スプレッドに比べて，その後の期間のビッド・アスク・スプレッドがどれほど縮小（マイナス変化）または拡大（プラス変化）したかが調査の焦点である。ただし，ビッド・アスク・スプレッドは株式売買出来高，株価水準，株価の変動性によっても影響を受けることが知られているので，各月のビッド・アスク・スプレッドは，これら３つの要因の影響部分を除いて集計が行われている[4]。

　この調査の結果は，**図表９−４**のとおりであった。図の横軸には，調査対象とされた1996年10月〜2001年９月までの期間が，１か月単位で区切られている。

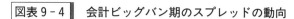

図表9-4 会計ビッグバン期のスプレッドの動向

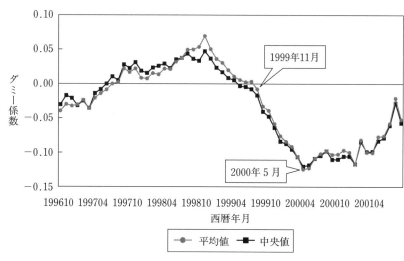

（出典）　音川（2002），32頁。

　縦軸は，その月より前の年月と後の年月を比べた場合に，市場参加者が情報格差を懸念する度合を示すと推定されるビッド・アスク・スプレッドが，どのように変化したかを示しており，ゼロより下なら情報格差への懸念が縮小したことを表すと解釈される。なお図表には，サンプル平均値だけでなく，極端な数値を示すサンプルの影響を緩和するために，中央値による結果も併せて示されている。

　図表が示すとおり，情報格差への懸念の変化を把握するための変数の推定値は，1999年11月（3月決算企業の中間決算短信の公表月）からマイナスに転じ，2000年5月（年次決算短信の公表月）で最大のマイナス値を記録している。それ以後は折れ線グラフが右上がりになっているが，ビッド・アスク・スプレッドが拡大に転じたと解釈するのは誤りである。情報格差への懸念の変化を示す変数の推定値は依然としてマイナスであるから，その年月より以後のスプレッドは，それ以前よりもさらに縮小しているのである。その縮小の度合いが以前ほど急速ではなくなっただけである。

　調査結果の転載は省略するが，音川［2002］では更に分析を進展させ，どのよ

うな企業においてビッド・アスク・スプレッドの縮小効果が顕著であったかも併せて調査されている。その結果，次の特性をもつ企業のスプレッドがよりいっそう大きく縮小したことが明らかになった。①連結ないし持分法の適用範囲を拡大した企業，②米国会計基準を採用する企業，③資産の処分損や評価損の計上により減損を自発処理した企業などがそれである。

　西暦2000年 3 月決算期は，会計ビッグバンの目標達成時期として掲げられてきた決算期である。したがって図表 9 - 4 の結果は，会計ビッグバンを構成する会計基準の施行により，情報格差に対する一般投資者の懸念を緩和する効果が生じたというシナリオと整合している。

第 4 節　公認会計士監査

1　監査の品質管理

⑴　監査基準の改訂

　会計ビッグバンの時代に，会計基準の大規模な新設改廃と並んで行われた特筆すべき制度改正は，公認会計士監査の強化である。優れた会計基準を制定しても，それだけで適正な財務報告が自動的に無条件で達成されるわけではない。会計基準の実践適用に関して独立の第三者が的確なモニタリングを行うことが不可欠であり，この点に関して公認会計士監査の強化が会計ビッグバンの推進に果たした役割は，非常に大きかったと思われる。

　公認会計士監査の基盤となる監査基準は，会計基準とともに，財務報告制度を支える不可欠なインフラストラクチャーであり，会計ビッグバンの時代には，監査基準にも重要な改訂が加えられた。金融庁の企業会計審議会によって2002年に公表され，2003年 3 月決算期の監査から適用されるようになった監査基準の改訂がそれである。

　この改訂では，不正発見の姿勢の強化，リスクアプローチの明確化，継続企業の前提への対処など，現在も継承されている財務諸表監査の理念が導入されるとともに，監査の品質の管理に関する規定が明示されたことが注目される。

すなわち「財務諸表の監査に携わる監査人に対して，自らの監査業務の質の確保に十全な注意を払うとともに，組織としても監査業務の質を担保するための管理の方針と手続を定め，さらに，その実効性の確認までを求めること」（改訂時の前文から引用）が監査基準に明示されたのである。これに加えて，企業会計審議会は2005年に「監査に関する品質管理基準」を制定している。

本書の第1章の冒頭でも言及したように，粉飾決算と利益調整の間には，企業の会計処理が会計基準に違反するか，それとも会計基準の許容範囲内であるかにより，概念上の明確な区別が存在する。ただし概念的には区別可能でも，過剰な利益調整と粉飾決算を区分するための具体的な数値基準がブライトラインとして存在するわけではなく，現実的な線引きは公認会計士監査における専門的判断にゆだねられているのである。この専門的判断が的確に実践されるには，監査業務が高い品質で遂行されていることが前提となる。この意味で，監査業務の品質管理の重要性が，監査基準で明示されたことの意義は大きい。

(2) 自主規制と公的規制

このようにして監査基準の中で，監査業務の品質管理が規定されたことが重要な契機となって，監査事務所が実施する監査業務に対しては，その品質に関して規制が加えられるようになった。これには日本公認会計士協会による自主規制としての「品質管理レビュー」と，金融庁に設置された公認会計士・監査審査会による公的規制としての「検査」（以下では審査会検査という）がある。

日本公認会計士協会による品質管理レビューは，1999年に自主規制の一環として開始され，2004年からは公認会計士法に基づく制度として位置づけられている。他方，公的規制としての審査会検査を実施する公認会計士・監査審査会が公認会計士法により設立されたのも2004年である。その契機は，アメリカにおける PCAOB（公開会社会計監視委員会：Public Company Accounting Oversight Board）の設立であった。アメリカでは2001年後半のエンロン事件に始まった一連の会計不祥事により，議会や国民の間で，企業や証券市場および監査への信頼が著しく毀損し，公認会計士協会による自主規制という従来の制度の有効性への疑いが強まった。その結果，2002年1月に SOX 法（Sarbanes-Oxley Act）が成立し，PCAOB の設立により監査への公的規制が強化されたのである。

　監査への規制に関して，アメリカが PCAOB を通じた公的規制へと大きく舵を切ったのに対し，日本では公認会計士協会による自主規制と金融庁の審査会による公的規制が併存する「共同規制」ともいうべき制度設計が採用された点が特徴である。両者の関係については次の 3 点が重要であると思われる。第 1 に，両者は，監査事務所の規模などによる「棲み分け」ではなく「ダブル・チェック」として位置づけられている。第 2 は，審査会検査が監査事務所だけでなく，品質管理レビューの的確性をもモニタリングしている点である。この結果，品質管理レビューで看過されていた監査品質上の欠陥が，審査会検査で検出されて，ダブル・チェックの効果が確認される場合がある。これは品質管理レビューが，すべての監査事務所と多数の上場会社の監査業務を対象とするがゆえに，広く浅く実施せざるをえないことによる。第 3 に，品質管理レビューでの調査が広範囲にわたっていることが，審査会検査に恩恵をもたらしている点も重要である。審査会検査が，少数の監査事務所に限定して集中的に検査を実施できるのは，品質管理レビューの貢献に依存するところが大きい。これらの特徴をもつ日本の共同規制の制度設計は，今も継承されている。

(3)　監査品質の評価

　公認会計士・監査審査会が公表する「公認会計士・監査審査会の活動状況（令和 3 年度版）」によれば，審査会検査の結果は，検査結果通知書を交付して通知されるが，その冒頭部分には，監査品質に関する 5 段階区分の総合評価が記載されるという。①良好であると認められる（総合評価：1），②改善すべき点があるものの概ね良好であると認められる（総合評価：2），③改善すべき重要な点があり良好であるとは認められない（総合評価：3），④良好でないものと認められ，業務管理体制等を早急に改善する必要がある（総合評価：4），⑤著しく不当なものと認められる（総合評価：5）という 5 段階評価がそれである。個々の監査事務所がどのような総合評価を得たかは公表されていないが，大手・準大手監査法人と中小規模監査事務所に区分したうえで，2016～2021事務年度の検査で対象となった監査事務所に対して付与された 5 段階評価の分布状況が**図表 9 - 5** のとおり公表されている。

　この分布結果から，大手・準大手監査法人の監査品質の方が，中小規模監査

図表 9−5 審査会検査での総合評価の分布

	評価区分：1	評価区分：2	評価区分：3	評価区分：4	評価区分：5
	良好	概ね良好	良好とは認められない	早急な改善が必要	著しく不当
大手・準大手監査法人	−	12	8	0	0
中小規模監査事務所	−	3	6	6	6

（出典）　公認会計士・監査審査会（2022a），20頁。

事務所の監査品質よりも，高い評価を得る傾向があることがわかる。ただし，大手・準大手監査法人がすべて審査会検査の対象とされているのに対し，中小規模監査事務所については公認会計士協会の品質管理レビューの結果が良好でなかった事務所が検査対象として選ばれる傾向があるなど，母集団とは異なる分布を示している可能性がある。しかし大手・準大手で区分4や区分5の評価を得た監査法人がない点に着目すれば，規模が大きい監査法人の方が，中小規模の監査事務所よりも，監査の品質が高いといえそうである。

　なお，検査結果通知書には，監査業務の品質に関するこのような総合評価に続いて，その基礎となる業務管理態勢，品質管理態勢，および個別監査業務に関する評価も記述されている。これら3要因で重視される視点は次のとおりである。

① 業務管理態勢…監査法人のガバナンスや組織風土，人材配置など，業務運営上の問題点の有無と程度
② 品質管理体制…規定整備，契約締結，社員評価，業務審査など，品質管理システムに関する不備事項の有無と程度
③ 個別監査業務…検査でサンプルとした個々の被監査会社に関する監査業務に関して発見された具体的な不備事項

　このうち個別監査業務の評価に関して指摘された不備事項に関する資料が，

| 図表 9 - 6 | 審査会検査で指摘された個別監査業務の不備事項の分布 |

個別監査業務の検証を通じて把握した不備の特徴	大手法人	その他
実証手続	29%	24%
会計上の見積りの監査	28	23
不正リスクへの対応	11	15
監査計画・企業環境の理解	10	6
財務報告に関する内部統制の監査	7	9

（出典）　公認会計士・監査審査会（2022b），46頁。

審査会による『モニタリングレポート』で図表 9 - 6 のとおり報告されている。これによれば，会計上の見積りの監査が不十分であるとして審査会検査で指摘を受けた件数が，全体の 4 分の 1 を占めており，実証手続の欠陥に続いて，大きな割合を占めていることがわかる。企業が意図的な利益調整を試みる場合の重要な手段となる会計上の見積りの偏向に関して，それを牽制するために期待されるのが会計上の見積りの監査である。したがって，公的規制としての審査会検査でも，企業の意図的な利益調整を牽制するために，会計上の見積りに関して高品質の監査の実施が期待されているといえよう[5]。

2　監査品質が利益調整に及ぼす影響

企業による意図的な利益調整を，それが過度にならないよう牽制するには，公認会計士が高品質の監査を実施することが不可欠である。そのような監査業務の品質は，中小規模の監査事務所より，大規模監査法人の方が高いというのが，図表 9 - 5 に基づく一般的な見解である。

これらを勘案すると，大規模監査法人による高品質の監査によって，被監査会社の意図的な利益調整がうまく牽制されているのではないかという期待がもたれる。この期待を裏付けるために，研究者は大規模監査法人とその他の監査法人の被監査会社の間で，利益調整部分を表す裁量的発生高に統計的に有意な差異があるか否かを調査してきた[6]。現在までに判明している結果は次のとおりである。

Becker et al.［1998］は，大規模監査法人の被監査会社の方が裁量的会計発生高が小さいか否かを調査するため，アメリカの上場会社のデータを利用して，当時の6大監査法人の被監査会社（延べ10,379社）とそれ以外の監査法人の被監査会社（延べ2,179社）の間で，［裁量的会計発生高÷資産総額］として算定した平均を比較した。その結果，6大監査法人の被監査会社の方が，平均値が1.5~2.1%低いことを見出した。6大監査法人以外による監査の品質の低さが，会社による意図的な利益調整の看過につながっているというのが，この研究が提示する解釈である。

　Francis et. al.［1999］も同様の研究を行っているが，ニューヨーク市場の上場企業をサンプルにするとその90%以上が6大監査法人の被監査会社になってしまうことを考慮して，ナスダック上場企業を調査している。この研究で採用される利益調整の尺度は［裁量的会計発生高÷会計発生高］である。また6大監査法人か否かの区分だけでなく，被監査会社の監査法人を，①6大監査法人，②その他の第2階層の全国規模法人，③その他の第3階層の監査法人という3区分した結果も集計した点が，この研究の特徴である。サンプルの区分別の利益調整の平均値は**図表9-7**のとおりであった。

　これら2つの学術研究から，大規模監査法人の被監査会社の利益調整が小さいのは，大規模監査法人が高品質の監査実施を通じて，会社の利益調整を牽制するのに成功しているからであるという解釈（解釈A）ができそうである。しかし別の解釈を提示する見解もある。大規模監査法人の被監査会社の利益調整が小さいのは，大規模監査法人が，利益調整の必要性の小さい優良企業との契約獲得に成功しているからであって，高品質の監査によって利益調整の牽制に成

| 図表9-7 | 監査法人の規模と被監査会社の利益調整の関係 | | |

（カッコ内はサンプル数）

	6大監査法人	第2階層の全国法人	第3階層の地域法人
利益調整の絶対値	0.137（23,207）	0.172（1,878）	0.221（5,009）
プラスの利益調整	0.141（11,040）	0.169（ 947）	0.225（2,552）
マイナスの利益調整	−0.135（12,167）	−0.175（ 931）	−0.217（2,457）

（出典）　Francis et. al.（1999），p.29.

功していることを意味するものではないという解釈（解釈 B）がそれである。

そこで Lawrence et al.［2011］は，どちらの解釈が正しいかを明らかにするため，大規模監査法人の被監査会社とその他の監査法人の被監査会社のそれぞれから 1 社ずつ，利益調整の必要性の程度が相互に最も近似する被監査会社どうしを組み合わせて利益調整の大きさを比較する「傾向スコア・マッチング」の分析手法を適用した。利益調整の必要性を表す企業特性として組合せで考慮されたのは，時価総額，ROA，有利子負債比率，流動比率の 4 変数である。このようにして企業が潜在的に有するであろう利益調整の必要性を考慮したうえで比較したところ，大規模監査法人とその他の監査法人の被監査会社の間で，利益調整の大きさについて統計的に有意な差異は観察されなくなった。この結果は，上記の解釈 B と整合するものである。

日本でも仙場［2016］が，日本の監査法人と東京証券取引所に上場する日本企業の2001〜2011年の連結データに基づき，Lawrence et al.［2011］の手法を用いて同様の調査を再現している。この調査でも，利益調整の必要性の程度を示す企業特性の影響部分を除いた場合には，4 大監査法人とその他の監査法人の被監査会社の間には，利益調整部分を示す裁量的会計発生高に関して，統計的に有意な差異は検出されていない。

したがって現時点では，大規模監査法人が実施する高品質の監査が効果を発揮して，被監査会社の利益調整が牽制されているか否かについては，肯定と否定の両方の証拠が混在しており，見解の一致には至っていない。今後の学術研究の進展が待たれるところである。

第 5 節　制度設計への示唆

利益調整によって株価形成が誤導されていることを指摘した前章での議論に続いて，本章では証券市場が有する効率的な資金配分機能を促進する観点から，過去の会計ビッグバンの成果を参照しつつ，今後の財務報告の制度設計で重要と思われる幾つかの論点を考察した。一連の議論の要点は次のとおりである。

会計上の見積りに乗じて企業が行う利益調整は，情報精通者が追加的な投資

利益を得る機会を生んでいる。この状況は，一見したところ投資者間で不公平な結果をもたらすおそれがある。しかし，情報精通者が利益調整アノマリーに着目した売買を行うことにより，誤導された株価形成が矯正されるので，この状況は，市場で成立する株価が本源的価値に近づくための原動力となっていると考えられる。このようにして市場の効率性が高められれば，情報に精通しないアマチュア投資者にも間接的に恩恵がもたらされるであろう。

　ただしここで問題となるのが，情報精通者が得る利益に対してアマチュア投資者が抱く不公平感の程度であり，不公平感が強まればアマチュア投資者の市場参加が減り，株式市場の機能は害される。したがって，情報精通者が得る超過的な投資利益は，株式市場の効率性を維持し促進する活動への報酬として適度でなければならず，大きすぎてはいけない。実証結果によれば，利益調整がプラスとマイナスのいずれであれ，利益調整部分が大きな銘柄ほど，追加的によりいっそう大きな投資利益の機会を生み，結果的にアマチュア投資者の不公平感を拡大するであろうことが確認されている。

　この状況のもとで，情報に精通しない一般投資者が，市場取引への参加を取り止めたり，注文時の保守的な指し値価格の設定により，市場の価格形成機能が低下するのを避けるためには，過大な裁量的発生高が生じないように，企業の利益調整を抑制することが重要である。

　企業が利益調整を行う場合の主たる手段は，①会計方針の選択と変更，および②会計上の見積りの偏向である。したがって企業の利益調整を抑制するには，これらの判断を経営者に委ねないという対策も考えられるところである。しかし，複数の会計処理方法が並列的に是認され，経営者による選択や変更が許容されている現状の背後には，企業の実態が最も的確に描写されることになる会計処理方法を周知しているのは，その企業の経営者であるとの認識が存在する。また収益や費用の見越し計上や繰延べ処理など，発生主義会計の利益測定に不可欠な将来の予測に関しても，その能力が最も高いのは経営者であろう。

　会計方針や会計上の見積りに関する判断を経営者に委ねている現行の制度設計を継承し，経営者が委ねられた判断の権限を財務諸表の適正表示のためだけに行使するとき，発生主義会計はその長所を最も強く発揮して「光」を放つであろう。しかし逆に経営者が，会計数値を組み込んだ利害調整の契約条項がも

たらす企業や自己への影響，および資本市場での株価形成への影響などを考慮して，意図的な利益調整を行えば，発生主義会計の利益測定には暗い「影」が生じるにちがいない。ただし意図的な利益調整を完全に排除するには，会計処理方法の画一的な統一や会計上の見積りの機会の除去が必要となり，利益測定は発生主義会計から現金主義会計へと逆行せざるを得ない。

　したがって会計方針と会計上の見積りを経営者に委任している現行の枠組みを維持しつつ，発生主義会計の長所を損なわない形で，財務報告の制度設計を行うのが良いと思われる。そのために会計基準に関して考えられる1つの対策は，企業の取引や事象の実態を分類して，その実態ごとに最適な会計処理方法を指定することにより，自由選択の幅を狭めることができるような会計基準を設定することである。

　制度設計で重視されるべきもう1つの対策は，企業が過大な裁量的発生高を報告利益に含めることがないように，公認会計士監査がこれを牽制することである。監査の実務では，市場にサプライズをもたらすような粉飾決算の摘発と予防を最優先課題として重要視する傾向が強いと思われるが，会計基準の許容範囲内で持続的に行われる利益調整に対しても，監査がその牽制を重要な課題として認識する必要がある。そのためには高い品質の監査が実施されなければならない。

　日本では，日本公認会計士協会による自主規制としての品質管理レビューと，金融庁の公認会計士・監査審査会が行う公的規制としての審査会検査を併存させた「共同規制」ともいうべき制度が運営されている。この共同規制により，監査の品質が維持向上された結果として，公認会計士監査が企業による過大な利益調整を牽制する効果を発揮することが期待されるところである。

　また公認会計士監査ほど牽制効果は直接的ではないかもしれないが，コーポレート・ガバナンスが寄与するところも大きいであろう。とくに近年には，コーポレート・ガバナンス・コードが制定され，取締役や監査役等によるガバナンスを通じた財務報告の信頼性の向上にも関心がもたれるようになっている。公認会計監査と併せて，コーポレート・ガバナンスを通じた利益調整の牽制効果にも期待したい。

●注 ────

1 財務会計が会計数値と株価変動の価値関連性研究にとどまらず，市場機能を促進するための情報提供の観点からも行われるべきことが，Lev［1988］によって早くから提唱されている。

2 グラフでは，1を加えて対数変換した数値が，縦軸に表示されている。

3 図表9‐2のデータは，本書の執筆のために，著者が北川教央教授から直接に提供を受けたものである。

4 情報格差への懸念の変化を示す変数は，次の方法で推定されている。サンプル企業別に72か月（1996年4月～2002年3月）の時系列データを用いて次のモデルを推定する。

$$\ln(\text{SPR}) = C_0 + C_1\ln(\text{VOL}) + C_2\ln(\text{PRI}) + C_3\ln(\text{STD}) + C_4\text{DMY} + \varepsilon$$

モデル式の左辺はビッド・アスク・スプレッドの自然対数である。右辺の3変数（VOL・PRI・STDの自然対数）は，スプレッドに影響を及ぼすことが確認されている3要因として，それぞれ売買出来高，株価水準，および株価ボラティリティのコントロールのために投入された説明変数である。

　会計ビッグバンの施行後にスプレッドが縮小したか否かは，年月を表すダミー変数（DMY）の係数 C_4 がマイナスであるか否かによって判定される。つまり会計ビッグバンより前の年月ではダミー変数をゼロとし，ビッグバン後の年月では1として，C_4 を推定する。この推定値がマイナスであれば，その年月以後の期間はそれ以前に比べて，ビッド・アスク・スプレッドが縮小したと判断される。

5 この点は，日本公認会計士協会の品質管理レビューでも同様である。2021年度の品質管理レビューにおいて，発生割合が高かった改善勧告事項とその構成割合は，①会計上の見積りの監査37%，②仕訳テスト19%，③実証手続の立案と実施16%，④監査証拠16%，⑤不正を含む重要な虚偽表示リスクの識別・評価・対応14%である（日本公認会計士協会［2022］，87頁）。品質管理レビューでも，会計上の見積りの監査が重視されていることがわかる。なお発生確率は［各項目について改善勧告事項が生じた監査業務数÷選定した監査業務数］として算定されている。

6 本書では省略するが，大規模監査法人とその他の監査法人の間で，監査品質の差がもたらす効果を比較するためのもう1つの尺度として，提出済の有価証券報告書の記載内容に関する事後的な訂正件数を用いた研究もある。本書では，利益調整（裁量的発生高）に焦点を当てた調査結果だけを紹介している。

$$\text{—— 第}10\text{章 ——}$$

株価・会計情報研究の役割

第1節　口実の市場

　発生主義会計の利益は，現金収入と現金支出を繰上げや繰延べの手続を通じて，1年毎に区切られた特定の会計期間へ，収益および費用として帰属させた差額として測定される。収入と支出をそのまま集計すれば，現金主義会計であるが，これを所定の基礎概念に従って期間配分するところに，発生主義会計の特徴がある。この期間配分のための基礎概念をルール化したものが，対応・発生・実現という発生主義会計の3原則である。

　しかし対応・発生・実現の3概念の具体的な意味は多様に解釈される余地があり，測定された当期純利益をはじめとする財務諸表の情報が，利害調整のための契約に組み込まれたり，資本市場へ提供されて企業価値評価に活用されるようになると，発生主義会計の実践に恣意的な操作が加えられる懸念が生じた。これを払拭するために行われたのが，一般に公正妥当と認められる会計基準の制定である。

　制定された会計基準が多くの関係者によって遵守され，経済社会でインフラストラクチャーとして機能するには，その会計基準への遵守意欲を促進するに足る論理的な説得力が存在していなければならない。研究者はそのような論理の構想や展開の面で，相対的な優位性を示すことができたので，会計基準の形成や財務報告の制度設計は，研究者の間で重要な研究課題とされてきた。また，

多くの会計学者は，自己の研究目的の重要な1つが，健全な会計基準の形成と財務報告制度の改善をもたらすような知見の提供に存すると考え，公益の促進を意図した積極的な政策提言も行ってきたのである。この研究スタイルは，こんにち「規範的研究」とよばれることが多い。

研究者は決して特定の既得権益集団に奉仕しようとして，研究を推進したり論文を書いたりするわけではない。しかし，会計基準の施行によって得をする人と損をする人がいる限り，その研究論文に含まれる議論の内容は，その会計規定が自己の利益に合致すると考える人々により，彼らが選好する会計規定の正当性を主張するための論拠として引用される。そして頻繁に引用される研究者の名声は高まり，企業のアドバイザーや各種委員会の委員に抜擢されたり，潤沢な研究資金の恩恵を受けたりすることもある。

したがって，あるべき会計基準の規定内容に関する規範的な議論を含んだ論文は1つの経済財となり，他人とは異なる独創性の高い見解を展開しようとして，論文を執筆する研究者による多様な内容の「供給」が行われる。他方，利害関係者は，それらの論文のうち自己の利益に合致したものを探して利用しようとして「需要」を生み出す。このようにして研究成果の需要と供給が交差するような状況を，Watts and Zimmerman［1979］は「**口実の市場**（market for excuse）」と名づけている。

資産計上されたのれんを規則的償却の対象とすべきか，自社の研究開発支出のうち所定条件を満たすものを資産計上すべきか，時価が観察可能な金融負債について時価評価を実施すべきか。これらの論点には，その論拠とともに賛否の見解を展開した多数の論文が出版（供給）されており，会計基準の形成時の利害関係者には，自己の利益に合致した会計処理を正当化する根拠となる見解を展開している論文を利用（需要）する動機が存在する。まさに論文の供給と需要が摺り合わされる市場とは，言い得て妙である。

研究者の意図に反して口実として利用されてしまうのは規範的論文の宿命であり，純粋な学術論文であろうとすれば，実証研究，経済モデル分析，実験研究などの科学的な研究方法に立脚しなければならないと考える研究者が増えている。このような研究スタイルは，こんにち「記述的研究」とよばれて，規範的研究と対比されることが多い。本書の中心部分は，財務諸表の情報と市場で

の株価形成の関係を実証分析することから「株価・会計情報研究」とか「価値関連性研究」とよばれるようになった研究領域から構成されており，基本的にはこの記述的研究のスタイルを踏襲している。

　その一方で，個々の会計基準を巡る合意形成を促進するための賛否の論拠の提示や，その会計基準の実践適用が引き起こす経済的帰結の予測までが学術研究の役割であり，それより先は基準形成のデュープロセスに委ねるのが良いと考える研究者も多い。さらには，デュープロセスの円滑な進行のための判断材料の提供を意図して調査を行うのは，社会貢献であっても学術研究ではないという見解もある。それにもかかわらず本書は第9章で，財務報告の制度設計に有用と思われる学術研究上の知見にも言及した。

　口実の市場に積極的に参加するか，それともそのような市場とは一線を画するのか。また学術研究と社会貢献をどう区別するのか。研究者としての判断の分かれ目である。

第2節　効率的市場への貢献

1　研究成果の私的有用性

　本書は，財務会計に期待される利害調整機能と情報提供機能のうち，主として金融商品取引法に基づく財務報告制度を念頭におき，資本市場への情報提供機能に焦点を当てて考察を進めてきた。資本市場への情報提供機能に関して中心となる概念は，投資意思決定有用性である。そこで本書は，この概念の具体的な意味内容を検討したうえで，現行の発生主義会計が測定する純利益などの会計情報の有用性に関して，これまでに蓄積されてきた研究成果を要約した。

　投資意思決定有用性の具体的な意味内容は，①誤って価格形成された証券の発見を通じて超過リターンを獲得する能力を有する投資者と，②それ以外の一般投資者を区分して考察した。その結果，①超過リターンを獲得できる有能な投資者への有用性に関しては，企業価値評価を通じた割安株・割高株の発見や，迅速に売買を開始すべき銘柄の識別のために，発生主義会計が有用な利益情報

を提供していることを示す一連の証拠を提示した。他方，②その他の一般投資者については，自己が負担しうる投資リスクの水準に見合う銘柄の選択が重要であることから，企業別のリスク水準の評価の面でも，現行の発生主義会計の情報が役立つことを明らかにした。

現行の発生主義会計では，①会計方針の選択と変更，および②会計上の見積りの偏向によって，意図的な利益調整が行われている可能性が高く，それが発生主義会計の価値を損ねていることが懸念されてきた。しかし，そのような利益調整が加えられていてもなお，現行の会計情報が投資意思決定有用性を具備していることを肯定する学術研究の結果は，株価・会計情報研究にとって喜ばしいことである。

その一方で，上述の意味における投資意思決定有用性が，個々の投資者の観点でみた「**私的有用性**」を計測していることは否定できない。前述のとおり，規範的研究の成果については，研究者が意図せざるままに，研究成果が特定の利害関係者集団の私的利益のための口実として利用される側面を指摘した。この点に関しては，株価・会計情報研究もまた，個々の投資者の私的な利益を基礎としており，研究成果が結果的に私的利益の獲得に寄与する側面をもつから，前述の規範的研究と株価・会計情報研究の間には，大差がないのかもしれない。それでは，株価・会計情報研究の成果が，私的利益を越えて公的な有用性を促進する余地はないのであろうか。

2 公的有用性をめざして

株価・会計情報研究の成果が公的価値を発揮しうる道を探るために重要となるのが「効率的市場仮説」である。効率的市場では，市場で成立する価格が，その時点で入手可能な情報を常に完全に反映して形成されているため，その市場価格に基づいて家計の貯蓄が企業へ配分されれば，社会的に最も望ましい資金配分が達成されることになる。

しかし本書で検討した研究の多くは，効率的市場仮説に反する「利益調整アノマリー」の存在を裏付けていた。すなわち，市場での株価形成が企業の利益調整によって誤導されており，利益調整部分を修正した本来の業績で銘柄選択を行えば，超過リターンの獲得が可能であるという証拠を提示していたのであ

る。その一方で，情報に精通した投資者の取引割合が高い銘柄では，情報精通者が行う裁定取引を通じて，株価形成の誤導が矯正され，効率的市場の状態が実現していることが明らかにされた。

効率的市場の実現は，情報に精通しない弱小な一般投資者にも恩恵をもたらす。市場価格がすでに本源的価値に到達していれば，市場価格での売買によって一般投資者が損失を被ることはないからである。Beaver［1973］が，「効率的市場では投資者は価格を通じて保護される」と述べている状況がそれである。効率的市場が実現されていることの実感は，弱小な一般投資者にも安心感を与えるから，市場に参加する投資者の人数を増加させ，また投資者が注文時に過度に保守的な指し値を提示してしまう状況を改善することによって，資本市場の効率的な資金配分機能を強化して，公益の増進につながるであろう。

したがって株価・会計情報研究が，私的利益への貢献を越えて，**公的有用性**を発揮しうる１つのシナリオは，いまだ株価形成に反映されていない情報を発見して，それを会計アノマリーの論文として出版し，情報に精通した投資者による裁定取引を促すことによって，効率的市場の実現に貢献することである。

第９章で図表９-２として紹介した北川［2023］の研究結果は，会計ビッグバンの目標時期とされた西暦2000年以後は，それ以前の期間に比べて，利益調整アノマリーの大きさが約３分の２程度にまで縮小し，さらに2010年以降はそのアノマリーがほとんど観察されなくなったことを示している。この研究では，会計情報に関連する14種類のアノマリーの経年変化が調査されているが，利益調整アノマリーも含めてそのうちの11種類のアノマリーが2010以降に縮小したことが報告されている。本書の第７章第４節で考察した「残余利益モデルで算定された理論株価」のアノマリーも，その１つである。かつて日本でも存在していたこのアノマリーが，最近の年度に近づくほど，縮小しているという。

この原因について，北川［2023］は，①提出書類の電子化や会計基準等の新設改廃に代表されるような情報環境の変化と，②ヘッジファンドの拡充やアルゴリズム取引の普及のような株式市場の変化に区分して考察している。この研究で検討されている諸要因のうち，株価・会計情報研究が公的な有用性を発揮しうるシナリオの観点からみて注目されるのは，「学術論文に触発された裁定取引の普及」という要因である。すなわち株価・会計情報研究によって利益調整ア

ノマリーの存在が明らかになると，情報に精通した投資者が超過リターンを獲得するために，裁量的会計発生高に基づいて識別した割安株・割高株の売買を繰り返す結果，誤った価格形成が矯正されて効率的市場が達成され，アノマリーが消滅するというのである。

本書の第7章第4節で，会計情報関連のもう1つのアノマリーとして検討した「財務諸表分析から推定された増益確率」も，学術論文に触発された裁定取引によって，消滅することになったアノマリーの可能性がある。このアノマリーは Ou and Penmen [1989] が最初に発見し，論文を公刊したときには大きな反響を呼び，多くの裁定取引を引き起こしたに違いない。その結果，Holthausen and Larcker [1992] が再調査したとき，すでにアノマリーは消滅していた。しかし AI による機械学習を追加して増益確率の予測を精緻化すれば，再び新しいアノマリーとして蘇るという Chen et al. [2022] の実証結果には，非常に興味深いものがある。

学術論文の発表が裁定取引を誘発し，アノマリーを消滅させて市場の効率性を促進する原動力となりうることを強力に示唆したのは，McLean and Pontiff [2016] である。この研究は，学術雑誌に掲載された97種類のアノマリーを取り上げ，学術雑誌への論文の掲載がアメリカの市場でのアノマリーに及ぼした影響を調査しようとした。そのために，アノマリーの存在を示す論文が学術雑誌に掲載される前と後の期間について，アノマリーを利用した投資戦略から獲得可能な超過リターンを比較したところ，論文掲載後の期間ではアノマリーが平均で58％も低減していることが発見された。この発見事項について McLean and Pontiff [2016] は，学術論文によって誘発された裁定取引が市場の効率性を向上させたという解釈を提示している。

株価・会計情報研究はこれまで，投資者による私的利益を指標として，会計情報の投資意思決定有用性を分析してきた。そのような研究の成果が，私的利益を越えて公的有用性を発揮しうる可能性を考えるうえで，会計情報に関するアノマリーの経年変化に関する研究は，示唆に富んでいる。研究者が株価・会計情報研究によって，会計データに関するアノマリーを発見した場合，その研究者には2通りの選択肢が存在する。

第1の選択肢は，その研究結果を論文として公表することなく，発見したア

ノマリーが示唆する投資戦略をみずからが実践して，超過リターンを獲得することである。これが研究成果の私的有用性である。

　しかし多くの研究者は，発見したアノマリーを論文にして学術雑誌に公表するという第2の選択肢をとるであろう。このときその論文は，情報精通者による裁定取引を誘発してアノマリーを消滅させ，市場での価格形成の効率性を高めることが期待される。また，効率的市場では誰もが価格を通じて保護される安心感から，一般投資者も積極的に市場取引に参加する結果，資本市場がもつ効率的な資金配分の機能は強化されるであろう。このようにして株価・会計情報研究は，「**研究成果の公的有用性**」ともいうべき貢献を社会にもたらす大きな可能性を秘めている。

■引用文献・参考文献

Akerlof, G.A. (1970). The Market for 'Lemons': Quality Uncertainty and the Market Mechanism, *Quarterly Journal of Ecomonics*, 84(3): 488-500.

American Accounting Association (1936). A Tentative Statement of Accounting Principles Affecting Corporate Reports, *The Accounting Review*, 11(2): 187-191. 中島省吾 (訳編)『改訂 A.A.A. 会計原則』中央経済社，1964年。

Ball, R. & P. Brown (1968). An Empirical Evaluation of Accounting Income Numbers, *Journal of Accounting Research*, 6(2), 159-178.

Beaver, W.H. (1973). What Should be the FASB's Objectives? *Journal of Accountancy*, 136(2), 49-56.

Beaver, W.H. (1981). *Financial Reporting: An Accounting Revolution*, Prentice-Hall. 伊藤邦雄（訳）『財務報告革命』白桃書房，1986年。

Beaver, W.H. (1998). *Financial Reporting: An Accounting Revolution*, 3rd ed., Prentice-Hall. 伊藤邦雄（訳）『財務報告革命（第3版）』白桃書房，2010年。

Becker C.L., M.L. Defond, J. Jiambalvo & K.R. Subramanyam (1998). The effect of audit quality on earnings management, *Contemporary Accounting Research*, 15(1): 1-24.

Chen, X., Y.H. Cho, Y. Dou & B. Lev (2022). Predicting Future Earnings Changes Using Machine Learning and Detailed Financial Data, *Journal of Accounting Research*, 60(2): 467-515.

Dechow, P.M. (1994). Accounting earnings and cash flows as measures of firm performance: The role of accounting accruals, *Journal of Accounting and Economics*, 18(1), 3-42.

Fama, E.F. (1970). Efficient Capital Markets: A Review of Theory and Empirical Work, *Journal of Finance*, 25(2), 383-417.

Financial Accounting Standards Board (1978). *An Analysis of Issues Related to Conceptual Framework for Financial Accounting and Reporting: Elements of Financial Statements and Their Measurement*, FASB. 津守常弘（監訳）『FASB 財務会計の概念フレームワーク』中央経済社，1997年。

Financial Accounting Standards Board (1978). *Statement of Financial Accounting Concepts No. 1: Objectives of Financial Reporting by Business Enterprises*. Norwalk, CT: Financial Accounting Standards Board. 平松一夫・広瀬義州（訳）『FASB 財務会計の諸概念（増補版）』中央経済社，2002年。

Foster, G., Olsen, C., & Shevlin, T. (1984). Earnings Releases, Anomalies, and the Behavior of Security Returns. *The Accounting Review*, 59(4), 574-603.

Francis, J., E. Maydew & H. Sparks (1999). The role of Big6 auditors in the credible reporting of accruals. *Auditing: A Journal of Practice & Theory*, 18(2): 17-34.

Frankel, R., & C.M. Lee (1998). Accounting valuation, market expectation, and cross-sectional stock returns. *Journal of Accounting and Economics*, 25(3), 283-319.

Hayn, C. (1995). The Information Content of Losses, *Journal of Accounting and Economics*, 20(2) : 125-153.

Holthausen, R.W. & D.F. Larcker (1992). The prediction of stock returns using financial statement information, *Journal of Accounting and Economics*, 15(2-3), 373-411.

Ijiri, Y. (1980). An Introduction to Corporate Accounting Standards : A Review, *The Accounting Review*, 55(4) : 620-628.

International Accounting Standards Committee (1989). *Framework for the Preparation and Presentation of Financial Statements*. London, UK : International Accounting Standards Committee. IFRS 財団（編），企業会計基準委員会（監訳）「財務報告に関する概念フレームワーク」『IFRS 基準2022（Part A）』，A16-A47頁。

Jones, J.J. (1991). Earnings Management During Import Relief Investigations, *Journal of Accounting Research*, 29(2), 193-228.

Lawrence, A., M. Minutti-Meza & P. Zhang (2011). Can Big4 versus Non-Big4 Differences in Audit-Quality Proxies Be Attributed to Client Characteristics? *The Accounting Review*, 86(1) : 259-286.

Lev, B. (1988). Toward a Theory of Equitable and Efficient Accounting Policy, *The Accounting Review*, 63(1), 1-22.

McLean, R.D., & Pontiff, J. (2016). Does Academic Research Destroy Stock Return Predictability? *The Journal of Finance*, 71(1), 5-32.

Muramiya, K., K. Otogawa & T. Takada (2009). Abnormal Accrual, Informed Trader, and Long-Term Stock Return : Evidence from Japan, *RIEB Discussion Paper Series* (Kobe University), No. 233.

Ou, J.A. & Penman, S.H. (1989). Financial statement analysis and the prediction of stock returns. *Journal of Accounting and Economics*, 11(4), 295-329.

Paton, W.A. & A.C. Littleton (1940). *An Introduction to Corporate Accounting Standards*, A.A.A. 中島省吾（訳）『会社会計基準序説』森山書店，1966年。

Penman, S.H. (2013). *Financial Statement Analysis and Security Valuation*, 5th ed., The MacGrraw-Hill Companies. 荒田映子・大雄智・勝尾裕子・木村晃久（訳）『アナリストのための財務諸表分析とバリュエーション』有斐閣，2018年。

Sanders, T.H., H.R. Hatfield & U. Moore (1938). A Statement of Accounting Principles. 山本繁・勝山進・小関勇（訳）『SHM 会計原則』同文舘出版，1979年。

Schmalenbach, E. (1926). *Dynamiche Bilanz*, 4, Leipzig. 土岐政蔵（訳）『動的貸借対照表論』森山書店，1950年。

Scott, W.R. & P.C. O'Brien (2012, 2020). *Financial Accounting Theory*, 1st & 8th ed. Pearson Education Canada. 太田康広・椎葉淳・西谷順平（訳）『財務会計の理論と実証（新版）』中央経済社，2022年。

Sloan, R.G. (1996). Do Stock Prices Fully Reflect Information in Accruals and Cash Flows about Future Earnings? *The Accounting Review*, 71(3), 289-315.

Watts, R.L. & J.L. Zimmerman (1979). The Demand for and Supply of Accounting Theories: The Market for Excuse, *The Accounting Review*, 65(2), 273-302.

Xie, H. (2001). The Mispricing of Abnormal Accruals. *The Accounting Review*, 76(3), 357-373.

青木茂男（2004）「ビッグ・バスによるV字回復の質－日産自動車を例として」『企業会計』56(4)，28-34頁。

浅野信博（2002）「会計利益の質的差異と資本市場－会計発生高アノマリーは存在するか」，43-79頁。山地秀俊（編著）『マクロ会計政策の評価』神戸大学経済経営研究所。

異島須賀子（2022）「『監査上の主要な検討事項』の強制適用初年度（2021年3月期）事例分析レポートの概要」『会計・監査ジャーナル』34(1)，14-19頁。

音川和久（2002）「新会計基準とマーケット・マイクロストラクチャー」『会計』161(5)，28-38頁。

音川和久（2004）「会計基準変更とビッド・アスク・スプレッド」，31-41頁。須田一幸（編著）『会計制度改革の実証分析』同文舘出版。

音川和久（2009）『投資家行動の実証分析－マーケット・マイクロストラクチャーに基づく会計学研究』中央経済社。

音川和久（2013）「市場の効率性とマイクロストラクチャー」，123-162頁。伊藤邦雄・桜井久勝（編）『体系現代会計学第3巻・会計情報の有用性』中央経済社。

小野慎一郎・桜井久勝（2015）「不確実性リスクの決定要因に関する実証研究」『国民経済雑誌』212(4)，1-16頁。

大日方隆（2010）「利益情報の有用性と会計アノマリー」，26-62頁。桜井久勝（編著）『企業価値評価の実証分析－モデルと会計情報の有用性検証』中央経済社。

北川教央（2023）「会計アノマリーの経年変化」『会計』203(1)，66-79頁。

公認会計士・監査審査会（2022a）『公認会計士・監査審査会の活動状況（令和3年度版）』公認会計士・監査審査会。

公認会計士・監査審査会（2022b）『令和3年版　モニタリングレポート』公認会計士・監査審査会。

後藤雅敏（1997）『会計と予測情報』中央経済社。

後藤雅敏・桜井久勝（1993）「利益予測情報と株価形成」『会計』143(6)，77-87頁。

斎藤静樹（編著）（2007）『詳解　討議資料　財務会計の概念フレームワーク（第2版）』中央経済社。

桜井久勝（1991）『会計利益情報の有用性』千倉書房。

桜井久勝（1992）「親会社利益と連結利益の情報内容比較」『国民経済雑誌』166(5)，89-109頁。

桜井久勝（2020）『財務諸表分析（第8版）』中央経済社。

桜井久勝・石川博行（1997）「連結財務諸表の情報提供機能と利害調整機能」『会計』151(4)，29-41頁。

首藤昭信（2010）『日本企業の利益調整－理論と実証』中央経済社。

須田一幸・竹原均（2005）「残余利益モデルと割引キャッシュフローモデルの比較－ロング・ショート・ポートフォリオ・リターンの分析」『現代ファイナンス』18，3 -26頁。

仙場胡丹（2016）『グローバル時代における監査の質の探究』千倉書房。

田中隆雄（2004）「経営者による利益数値の管理と会計利益の質」『企業会計』56(4)，18-27頁。

永田京子・蜂谷豊彦(2004)「新規株式公開企業の利益調整行動」『会計プログレス』5，91-106頁。

日本公認会計士協会（2022）「『2021年度品質管理レビューの概要』の公表について」『会計・監査ジャーナル』34(8)，57-91頁。

村宮克彦（2008）「経営者が公表する予想利益に基づく企業価値評価」『現代ファイナンス』23，131-151頁。

山口朋泰（2021）『日本企業の利益マネジメント－実体的裁量行動の実証分析』中央経済社。

若林公美（2009）『包括利益の実証研究』中央経済社。

索 引

＜著者紹介＞

桜井　久勝 (さくらい　ひさかつ)

1975年　神戸大学経営学部を卒業し，神戸大学大学院経営学研究科へ進学
1977年　公認会計士試験第三次試験に合格
1979年　神戸大学助手。その後講師・助教授を経て
1992年　神戸大学より博士（経営学）の学位を取得
1993年　神戸大学教授
2016年　関西学院大学教授
2019年　公認会計士・監査審査会会長
2022年　昭和女子大学特命教授となり現在に至る

[著書]
『会計利益情報の有用性』千倉書房，1991年
『財務会計講義』中央経済社，初版1994年，第24版2023年
『財務諸表分析』中央経済社，初版1996年，第8版2020年
『会計学入門』日本経済新聞出版社，初版1996年，第5版2018年
『財務会計・入門』共著，有斐閣，初版1998年，第16版2023年
『テキスト国際会計基準』編著，白桃書房，初版2001年，新訂版2018年

利益調整－発生主義会計の光と影

2023年3月10日　第1版第1刷発行

著　者　桜　井　久　勝
発行者　山　本　　　継
発行所　㈱中　央　経　済　社
発売元　㈱中央経済グループ
　　　　　パブリッシング

〒101-0051　東京都千代田区神田神保町1-31-2
電話　03（3293）3371（編集代表）
　　　03（3293）3381（営業代表）
https://www.chuokeizai.co.jp
印刷／昭和情報プロセス㈱
製本／誠　製　本　㈱

© 2023
Printed in Japan

＊頁の「欠落」や「順序違い」などがありましたらお取り替えいた
しますので発売元までご送付ください。（送料小社負担）
ISBN978-4-502-45111-9　C3034

■最新の監査諸基準・報告書・法令を収録■

監査法規集

中央経済社編

本法規集は，企業会計審議会より公表された監査基準をはじめとする諸基準，日本公認会計士協会より公表された各種監査基準委員会報告書・実務指針等，および関係法令等を体系的に整理して編集したものである。監査論の学習・研究用に，また公認会計士や企業等の監査実務に役立つ1冊。

《主要内容》

企業会計審議会編＝監査基準／不正リスク対応基準／中間監査基準／四半期レビュー基準／品質管理基準／保証業務の枠組みに関する意見書／内部統制基準・実施基準

会計士協会委員会報告編＝会則／倫理規則／監査事務所における品質管理 **《監査基準委員会報告書》** 監査報告書の体系・用語／総括的な目的／監査業務の品質管理／監査調書／監査における不正／監査における法令の検討／監査役等とのコミュニケーション／監査計画／重要な虚偽表示リスク／監査計画・実施の重要性／評価リスクに対する監査手続／虚偽表示の評価／監査証拠／特定項目の監査証拠／確認／分析的手続／監査サンプリング／見積りの監査／後発事象／継続企業／経営者確認書／専門家の利用／意見の形成と監査報告／除外事項付意見 他**《監査・保証実務委員会報告》**継続企業の開示／後発事象／会計方針の変更／内部統制監査／四半期レビュー実務指針／監査報告書の文例

関係法令編＝会社法・同施行規則・同計算規則／金商法・同施行令／監査証明府令・同ガイドライン／内部統制府令・同ガイドライン／公認会計士法・同施行令・同施行規則

法改正解釈指針編＝大会社等監査における単独監査の禁止／非監査証明業務／規制対象範囲／ローテーション／就職制限又は公認会計士・監査法人の業務制限

桜井先生の著書

財務会計講義（第 24 版）

桜井久勝（著）

　財務会計の全体像を解説した定番テキスト。最新の制度改正までフォローされた信頼の 1 冊。大学・大学院のテキストとしてはもちろん，会計士・税理士試験等の各種資格試験の基本書にも最適。

財務諸表分析（第 8 版）

桜井久勝（著）

　最新の財務諸表を分析して収益性・生産性・安全性・不確実性・成長性の側面から企業評価の実践的手法を解説。さらに，財務比率にとどまらず，財務諸表の情報を活用した株式価値評価モデルまで詳述。

企業価値評価の実証分析
―モデルと会計情報の有用性検証―
桜井久勝（編著）

　会計情報を活用した企業価値評価の総合研究。企業評価のための各種モデルの比較検討に加え，モデルの実践適用に必要なデータの特性の分析や，将来数値の予測のあり方を考察。

中央経済社